Vida en el Reino

Vida en el Reino

Jack W. Hayford

Editor general

GRUPO NELSON
Una división de Thomas Nelson Publishers
Desde 1798

NASHVILLE   DALLAS   MÉXICO DF.   RÍO DE JANEIRO

CONTENIDO

Vida en el Reino: para un crecimiento constante en la fe (Estudio de Romanos) forma parte de una serie de guías de estudio que se caracterizan por cubrir de manera atractiva y esclarecedora un libro de la Biblia y temas del poder, enfocados a provocar la dinámica, la vida llena del Espíritu Santo.

Acerca del Editor General

JACK W. HAYFORD, destacado pastor, maestro, escritor y compositor, es el Editor General de toda la serie, trabajando junto a la editorial en la planificación y desarrollo de cada uno de los libros.

El Dr. Hayford es pastor principal de *The Church On The Way*, la Primera Iglesia Cuadrangular de Van Nuys, California. Él y su esposa, Ana, tienen cuatro hijos casados, activos en el ministerio pastoral o en una vital vida de iglesia. Como Editor General de la *Biblia Plenitud*, el pastor Hayford dirigió un proyecto de cuatro años, que ha dado como resultado la disponibilidad de una de las Biblias más prácticas y populares en la actualidad. Es autor de más de veinte libros, entre ellos: *Anhelo de plenitud, La belleza del lenguaje espiritual, La clave de toda bendición, La oración invade lo imposible*. Sus composiciones musicales abarcan más de cuatrocientas canciones, entre las que se incluye el muy difundido himno «Majestad».

Acerca del autor

WILLIAM D. WATKINS está plenamente comprometido con el ministerio cristiano desde 1975, como maestro, escritor y orador. Vinculado anteriormente con *Insight for Living* y con la editorial Thomas Nelson Publishers, actualmente es Director Principal de Adquisiciones de la Editorial Moody y presidente de su propia compañía editorial, William Pens. Ha sido coautor de *Worlds Apart: A Handbook on World Views*, publicado por Baker Book House; en *Insight for Living* fue coautor, con Chuck Swindoll, de veintiún guías de estudio.

Watkins es graduado en Filosofía de la Universidad Estatal de California, en Fresno, y tiene una maestría en Teología Sistemática del Seminario Teológico de Dallas. Él y su esposa, Pamela, tienen cinco hijos, entre 11 y 19 años de edad. Residen en Smyrna, Tennessee, EE.UU.

Acerca de este colaborador el Editor General ha expresado: «Bill Watkins muestra tal objetividad cuando abre las Escrituras, que resulta muy gratificante contar con su cooperación en este proyecto. Su larga experiencia *con* la Palabra, junto a su evidente amor *por* la Palabra, resulta de beneficio para todos nosotros».

EL REGALO QUE SE DA CONTINUAMENTE

¿A quién no le gusta recibir regalos? Tanto si vienen envueltos en papeles de colores y preciosas cintas, como en bolsas de papel de estraza atados con un gastado cordón de zapatos. A niños y adultos de todas las edades les encanta recibir y abrir regalos. Pero aun en ese momento de sorpresa y placer puede verse empañado por el miedo y el temor. Es suficiente que aparezcan las siguientes palabras: «Para armar. Se incluyen las instrucciones». ¡Cómo odiamos esas palabras! Se mofan de nosotros, nos fastidian, nos incitan a que intentemos desafiarlas, sabiendo que en todo momento llevan la voz cantante. Si no entendemos las instrucciones, o si las pasamos por alto y tratamos de armar el obsequio por nuestra cuenta, lo más probable es que sólo nos llenemos de frustración y enojo. Lo que comenzamos sintiendo en cuanto a nuestro extraordinario regalo, alegría, expectativa y asombro, se desvanecerá. Nunca recuperaremos esa sensación, al menos no en el estado prístino que tenía antes de que advirtiéramos que *nosotros* teníamos que realizar el montaje de nuestro regalo siguiendo instrucciones que *ningún consumidor* es capaz de entender jamás.

Uno de los regalos más hermosos que Dios nos ha dado es Su Palabra, la Biblia. Este es un obsequio sumamente preciado, envuelto en la gloria y el sacrificio de su Hijo, y entregado en nuestras manos por el poder y el ministerio de su Espíritu; la familia de Dios la ha preservado y protegido durante siglos como herencia familiar. Promete ser el don que sigue dándose, porque el Dador que se revela en ella es inagotable en su amor y en su gracia.

Lo trágico es, sin embargo, que cada vez son menos las personas, aun entre aquellos que se cuentan en la familia imperecedera de Dios, que siguen abriendo este obsequio y procurando entender de qué se trata y cómo debe ser usado. A menudo se sienten intimidados por él. Hay que unir las partes, y a veces las instrucciones son difíciles de comprender. Después de todo, ¿cómo se entrelazan las partes de la Biblia? ¿Qué tiene que ver el Génesis con el Apocalipsis? ¿Quiénes son Abraham y Moisés, y qué relación tienen con Jesús y con Pablo? ¿Qué de las obras de la Ley y las obras de la fe? ¿De qué se trata todo esto y, si es que se puede, cómo se ensamblan entre sí? Además, ¿qué tiene que decirnos este libro de la antigüedad a quienes ya estamos a las puertas del siglo veintiuno? ¿Será de alguna utilidad que usted y yo nos tomemos el tiempo necesario y dediquemos las energías que se requiere para entender las instrucciones y armar el conjunto? ¿Nos ayudará de alguna manera a entender quiénes somos, qué nos depara el futuro, cómo podemos vivir mejor aquí y ahora? ¿Nos ayudará realmente en nuestras relaciones personales, en el matrimonio y la familia, en el trabajo? ¿Acaso podrá ofrecernos algo más que meros consejos acerca de cómo encarar las crisis? ¿Cómo afrontar la muerte de un ser querido, la bancarrota que provoca la pérdida de trabajo? ¿Cómo enfrentar una enfermedad catastrófica, la traición de un amigo, la deshonra de nuestros valores, los abusos que sufre nuestro corazón y nuestra alma? ¿Podrá aquietar nuestros temores, calmar nuestra ansiedad y curar nuestras heridas? ¿Podrá realmente ponernos en contacto con el mismo poder que dio origen al universo, que dividió las aguas del Mar Rojo, que levantó a Jesús de la rigidez de la tumba? ¿Podemos realmente encontrar en sus páginas amor incondicional, perdón total y sanidad genuina?

Por cierto que sí. Sin sombra de duda.

La serie *Guías para explorar la Biblia* está preparada para ayudar al lector a desempacar, armar y disfrutar todo lo que Dios tiene para darle a través de las páginas de las Escrituras. Le hará centrar su tiempo y energía en los libros de la Biblia, en las personas y los lugares que describen, y en los temas y las aplicaciones a la vida que fluyen a raudales de sus páginas, como la miel que mana del panal.

Para que usted pueda aprovechar al máximo la Palabra de Dios, esta serie incluye un conjunto de útiles características. Cada guía de estudio consta de no más de catorce lecciones, cada una de ellas desarrollada de manera que usted pueda sumergirse en las profundidades o echarles una mirada superficial, según sus necesidades e intereses.

Las guías de estudio contienen también seis pasos principales en cada lección, cada uno de ellos señalado con un símbolo y un encabezamiento para facilitar su identificación.

RIQUEZA LITERARIA

La sección RIQUEZA LITERARIA contiene importantes definiciones de palabras claves.

ENTRE BASTIDORES

ENTRE BASTIDORES provee información acerca de las creencias y prácticas culturales, las disputas doctrinales, las actividades comerciales y otros aspectos semejantes, que arrojan luz sobre los pasajes bíblicos y sus enseñanzas.

DE UN VISTAZO

En la sección DE UN VISTAZO se incluyen mapas y gráficos para identificar lugares, y simplificar temas o posturas.

INFORMACIÓN ADICIONAL

Como esta serie enfoca un libro de la Biblia en particular, el lector encontrará una sección de INFORMACIÓN ADICIONAL que lo orientará hacia la consulta de enciclopedias y diccionarios bíblicos, y otros recursos que le permitirán obtener más provecho de la riqueza que ofrece la Biblia, si así lo desea.

SONDEO A PROFUNDIDAD

Otra sección, SONDEO A PROFUNDIDAD, explicará asuntos controvertidos que plantean determinadas lecciones y se citarán pasajes bíblicos y otras fuentes que le ayudarán a arribar a sus propias conclusiones.

FE VIVA

Finalmente, cada lección contiene una sección llamada FE VIVA. En ella la pregunta clave es: ¿Y ahora qué? Una vez que sé lo que dice la Biblia, ¿qué significa esto para mi vida? ¿Cómo puede influir en mis necesidades cotidianas, problemas, relaciones personales, preocupaciones y todo lo que es importante para mí? FE VIVA lo ayudará a percibir y aplicar las derivaciones prácticas de este regalo literario que Dios nos ha dado.

Como podrá observar, estas guías incluyen espacio para que usted conteste las preguntas, haga los ejercicios correspondientes al estudio y encare la aplicación de lo aprendido a la vida cristiana. Quizás desee anotar todas sus respuestas, o sólo el resultado de lo que ha recibido en forma personal mediante el estudio y su aplicación, en una libreta de notas aparte o en un diario personal. Esto será particularmente adecuado si piensa aprovechar a fondo la sección INFORMACIÓN ADICIONAL. Como los ejercicios de esta sección son opcionales y su extensión puede ser ilimitada, no hemos incluido espacio para ellos en esta guía de estudio. De manera que quizás quiera tener una libreta de notas o un diario a mano para registrar los descubrimientos que realice al abordar las riquezas de esa sección.

El método de estudio bíblico que se utiliza en esta serie gira en torno a cuatro pasos básicos: observación, interpretación, correlación y aplicación. La observación responde a la pregunta: ¿Qué dice el texto? La interpretación se ocupa de: ¿Qué significa el texto?, no lo que significa para usted o para mí, sino su significado para los lectores originales. La correlación pregunta: ¿Qué luz arrojan otros pasajes de la Biblia sobre este? Y la aplicación, la meta del estudio bíblico, se plantea lo siguiente: ¿En qué aspectos debiera cambiar mi vida, como respuesta a lo que el Espíritu Santo me enseña a través de este pasaje?

Si está familiarizado con la lectura de la Biblia, sabe que puede disponer de ella en una variedad de traducciones y paráfrasis. Aunque puede usar cualquiera de ellas con provecho para trabajar con las guías de estudio de la serie *Guías para explorar la Biblia*, los versículos y palabras que se citan en las lecciones han sido tomados de la versión Reina Valera, revisión de 1960. El uso de dicha versión con esta serie hará más fácil su estudio, pero por cierto que no es indispensable.

Los únicos recursos que necesita para completar y aplicar estas guías de estudio son una mente y un corazón abiertos al Espíritu Santo, y una actitud de oración, además de una Biblia y un lápiz. Por supuesto, puede recurrir a otras fuentes tales como comentarios, diccionarios, enciclopedias, atlas y concordancias, incluso encontrará en la guía ejercicios opcionales para orientarlo en el uso de dichos recursos. Pero esos son adicionales, no indispensables.

Estas guías abarcan lo suficiente como para brindarle todo lo que necesita a fin de obtener una buena comprensión básica del libro de la Biblia de que se trata, como también la orientación necesaria para aplicar los temas y consejos a su propia vida.

Cabe, sin embargo, una palabra de advertencia. El estudio de la Biblia por sí mismo no transformará su vida. No le dará poder, paz, gozo, consuelo, esperanza y toda la variedad de regalos que Dios desea que descubra y disfrute. A través del estudio de la Biblia adquirirá mayor conocimiento y comprensión del Señor, de su Reino y de su propio lugar en ese Reino, y todo esto es esencial. Pero usted necesita algo más. Necesita depender del Espíritu Santo para que oriente su estudio y aplique las verdades bíblicas a su vida. Jesús prometió que el Espíritu Santo nos enseñaría «todas las cosas» (Jn 14.26; cf. 1 Co 2.13). De modo que mientras use esta serie para guiarlo a través de las Escrituras, bañe sus momentos de estudio con oración, pidiendo al Espíritu de Dios que ilumine el texto, que aclare su mente, que someta su voluntad, que consuele su corazón. El Señor nunca le va a fallar.

Mi oración y mi meta es que a medida que abra este regalo de Dios a fin de explorar su Palabra para vivir como Él lo desea, el Espíritu Santo llene cada fibra de su ser con el gozo y el poder que Dios anhela dar a todos sus hijos. Así que siga leyendo. Sea diligente. Manténgase abierto y sumiso a Dios. No saldrá defraudado. ¡Él se lo promete!

Lección 1 / Introducción a Romanos

«Me gustaría presentarle a...» ¡Cuántas veces estas palabras han significado el comienzo de nuevas amistades, nuevos socios o clientes, nuevas relaciones sentimentales, hasta futuros miembros de la familia! Cuando nos presentan a alguien, nos permiten abrirnos a nuevas relaciones que pueden cambiar nuestra vida aportando nueva información, nuevas percepciones, nuevas maneras de ver las cosas, nuevas emociones. En ocasiones, una presentación puede abrir viejas heridas o incluso abrir heridas nuevas. Pero no importa cuál sea el curso que tome una nueva relación, una presentación siempre contiene la expectativa de algo novedoso, algo que esperamos que nos enriquezca y no que nos produzca amargura.

Esto es cierto con Romanos, el libro del Nuevo Testamento que ha sido proclamado como la mejor presentación y defensa de los temas centrales del cristianismo que ofrece la Biblia. Gigantes de la iglesia tales como Agustín, Martín Lutero, Juan Calvino y Juan Wesley, fueron transformados por el mensaje de Romanos. Al fin y al cabo es probable que Romanos sea el libro de la Biblia de mayor influencia en la historia del cristianismo. Este es el libro que va a conocer a lo largo de esta guía de estudio. Este es el libro que le quiero presentar.

Pero como en toda buena presentación, tenemos que empezar por algunas cosas básicas. La intimidad en una relación siempre comienza con alguna información básica que responde a algunas preguntas importantes: ¿Cómo se llama? ¿De dónde viene? ¿A qué se dedica? ¿Qué cosas le gustan y cuáles le disgustan? ¿Conoce a...? Esto mismo es cierto cuando se quiere conocer un libro de la Biblia. Uno empieza por obtener respuesta a ciertas preguntas esenciales: ¿Quién escribió este libro? ¿Cuándo y dónde y fue escrito? ¿A quién iba dirigido? ¿Por qué fue escrito? ¿De qué trata? Así que comencemos a obtener la información.

EL AUTOR

Romanos nos informa bastante acerca de su autor. Busque los siguientes pasajes de Romanos y anote lo que descubra acerca del autor. Quizás estas preguntas le ayudarán a organizar sus pensamientos:

¿Cómo se llamaba y en qué trabajaba?
¿Qué apariencia tenía?
¿Qué era o no importante para él?
¿Qué le producía alegría y qué le producía tristeza?
¿Quién impactó su vida y de qué manera?
¿Hace mención de algún plan para viajar?
¿Qué se proponía lograr? ¿Por qué?
¿Ha encontrado algo más acerca de él?

1.1-17

7.13-25

9.1-5

10.1,2

11.13,14

15.14—16.27

LOS DESTINATARIOS

De lo que ya ha leído de Romanos puede distinguir que se trata de una carta enviada por el apóstol Pablo a los cristianos que vivían en Roma en la primera centuria. La mayoría de los libros del Nuevo Testamento fueron originalmente cartas, escritas específicamente para responder a las necesidades de los cristianos de determinados lugares. De modo que estas cartas tenían el propósito de reunir a las personas en el lugar donde vivían, sufrían, dudaban, celebraban, luchaban, se preocupaban, compartían, se quejaban, se casaban, criaban a sus hijos, padecían y morían. Fueron escritas a personas específicas, con necesidades, sueños y anhelos específicos. Fueron escritas para personas como usted y como yo.

¿Qué dice Pablo en esta carta que permite inferir cómo eran los cristianos de Roma? ¿Quiénes eran? ¿Eran en su mayoría de trasfondo judío? ¿O griego? ¿Qué cosas les preocupaban? ¿Cómo les iba? ¿Cuáles eran sus expectativas? ¿Qué asuntos doctrinales pueden haberles preocupado? ¿Estaban desviándose del camino en algún sentido?

Vuelva a leer Romanos para ver qué puede descubrir acerca de los primeros destinatarios de esta carta. Si es demasiado la lectura de la carta completa, vea lo que puede encontrar en los siguientes pasajes:

1.7-15

2.1-24

4.1,12

6.1,2,11-23

11.13,17-31

12.1—15.16

16.17-20

Otros pasajes de las Escrituras también nos dan información acerca de los creyentes en Roma. Lea Hechos 2.10; 18.2; y 28.17-28, y anote lo que encuentra.

ENTRE BASTIDORES

En tiempos del apóstol Pablo todos los caminos llevaban a Roma. Esta ciudad dominaba todo el Mediterráneo y era la urbe más importante y poderosa durante el primer siglo.[1] Albergaba una importante población judía, casi tan numerosa como la de Jerusalén. Hasta la fecha, los arqueólogos han desenterrado seis catacumbas judías (cementerios subterráneos). Por las inscripciones que aparecen en esas catacumbas sabemos que al menos había once sinagogas en Roma. La población cristiana de la ciudad era mucho menor, pero era lo suficientemente numerosa como para que el emperador romano Nerón los culpara y martirizara por el incendio que destruyó gran parte de la ciudad en el año 64 d.C y los sometiera al martirio. La tradición cristiana reconoce que los apóstoles Pablo y Pedro fueron víctimas de Nerón.[2]

EL PROPÓSITO

Sobre la base de lo que ha descubierto, tal vez ya sepa por qué Pablo tomó papel y lápiz, y luego puso en manos de Febe esta carta para que la llevara a Roma. Probablemente hay cuatro razones por las que Pablo escribe a los romanos. Cada grupo de pasajes que se menciona abajo, le ayudará a descubrir esas cuatro razones. Observe que los dos últimos grupos de versículos no dicen explícitamente por qué Pablo escribió, pero lo sugieren. Tome nota de lo que esos versículos enfatizan y qué es lo que cuestionan. Dichos elementos ofrecen la clave para desentrañar los motivos implícitos de la carta.

1.9-13; 15.22-32 (véase Hch 19.21)

1.15-17 (véase Jud 3)

1.16; 2.9,10; 3.1,2,9,29,30; 9.4,5; 11.5,25

2.1-4; 3.9-26; 10.14-21

EL MOMENTO Y LUGAR

No sabemos concretamente cuándo y dónde se escribió Romanos, en gran medida porque la carta misma no lo dice. Pero muchos estudiosos del Nuevo Testamento piensan que Corinto es el sitio más probable donde Pablo tomó la pluma y elaboró la carta a los Romanos. Febe, la portadora de la carta (Ro 16.1,2), era de Cencrea, lugar muy próximo a Corinto. Además, Pablo menciona a Gayo como su anfitrión (16.23), que fue uno de los conversos más destacados durante el ministerio de Pablo en Corinto (1 Co 1.14). Esto significa que probablemente Pablo pasó el tiempo suficiente en Corinto como para elaborar la carta.

Hay buenas razones para creerlo. La mayoría de los eruditos bíblicos concuerda en que Pablo vivió en Corinto durante tres meses hacia el final de su tercer viaje misionero (Hch 20.3). Cuando se fue de ahí, se dirigió a Filipos y participó allí de la Pascua y la Fiesta de los Panes sin Levadura (v. 6), que se celebraban en abril. Así que Pablo debió haber pasado los meses del invierno en Corinto, lo que le dio la oportunidad de escribir Romanos.

Es probable que la carta haya sido escrita alrededor del 56 d.C., algún tiempo antes de que Pablo llevara la ofrenda a los cristianos necesitados de Jerusalén (cf. Ro 15.25-28,31; 2 Co 8; 9). Después que el dinero estuvo seguro en Jerusalén, Pablo planeó visitar a Roma a predicar y enseñar, además de encontrar refrigerio para sí y luego avanzar hacia España para predicar el evangelio (Ro 1.10,11; 15.22-24).

DE UN VISTAZO

Nueva visita a Asia y Grecia (Tercer viaje misionero de Pablo, Hechos 18.23—21.16). Pablo visitó por tercera vez las iglesias en Galacia, y luego permaneció durante más de dos años en Éfeso. Después de abandonar Éfeso viajó otra vez a Macedonia y Acaya (Grecia), y se quedó allí tres meses. Regresó a Asia pasando de nuevo por Macedonia.

Durante su tercer viaje, Pablo escribió 1 Corintios desde la ciudad de Éfeso, 2 Corintios desde Macedonia y la carta a los Romanos desde Corinto.[3]

INFORMACIÓN ADICIONAL

Si dispone de un diccionario o enciclopedia bíblicos, busque el artículo sobre Corinto para tener idea de qué tipo de ciudad era. Luego, si tiene tiempo, lea 1 Corintios. Podrá observar cuánta influencia tenía la cultura local sobre los creyentes que procuraban vivir allí. Sin duda la ciudad de Corinto planteaba problemas especiales a la iglesia primitiva y al ministerio de Pablo.

EL CONTENIDO

En todo lo que resta de esta guía de estudio, usted seguirá profundizando en el contenido de Romanos, pero le resultará útil tener un panorama global del libro antes de lanzarse a un análisis detallado. Si lo desea, puede leer la epístola completa y hacer un esquema de los temas y divisiones principales. O quizás prefiera leer el texto y elaborar un bosquejo del mismo asignando títulos o frases que sinteticen las secciones principales. Cualquiera que sea la forma que utilice, a medida que lea la carta de principio a fin, preste especial atención a las palabras y frases que se repiten. En Romanos algunas de esas son: *justificación, justicia, justificado, fe, ley, evangelio, pecado* y *gracia*. La reiteración es una de las formas en que los escritores destacan sus temas centrales.

Abajo aparecen las divisiones en párrafos que algunos sugieren. Quizás quiera leerlas y hacer su propio análisis del contenido. Anote cualquier cosa que le pueda ayudar a memorizar el pasaje y a captar el desarrollo del pensamiento paulino. Esta puede ser la tarea de la semana, leyendo tres capítulos diarios y elaborando su propio resumen. Una media hora al día será suficiente para obtener esta visión panorámica y establecer un buen punto de partida para los siguientes períodos de estudio.

1.1-7

1.8-15

1.16-17

1.18-32

2.1-16

2.17-24

2.25-29

3.1-8

3.9-20

3.21-26

3.27-31

4.1-4

4.5-8

4.9-12

4.13-25

5.1-5

5.6-11

5.12-21

6.1-14

6.15-23

7.1-6

7.7-12

7.13-25

8.1-11

8.12-17

8.18-30

8.31-39

9.1-5

9.6.13

9.14-29

9.30-33

10.1-13

10.14-21

11.1-10

11.11-36

12.1,2

12.3-8

12.9-21

13.1-7

13.8-10

13.11-14

14.1-13

14.14-23

15.1-6

15.7-13

15.14-21

15.22-33

16.1,2

16.3-16

16.17-20

16.21-24

16.25-27

FE VIVA

Ahora que se ha familiarizado con Romanos y con su autor humano, es el momento de hacer algunas observaciones y aplicaciones preliminares.

¿Cuáles son sus primeras impresiones?

¿Qué interrogantes han surgido de este estudio hasta aquí? Será conveniente que las tenga presentes mientras avanza en el estudio de Romanos, de manera que pueda encontrar las respuestas a medida que progresa.

¿Qué espera obtener de este estudio?

¿En qué áreas de su vida (creencias, pautas y conducta morales, relaciones, dones espirituales, etc.) cree que le ayudará este estudio?

¿Hay algo de lo que ha aprendido que quisiera presentar a Dios en oración? Abajo puede hacer una lista de esos asuntos o incluso escribirlos en una oración al Señor.

Lección 2 / Las grandes nuevas de Dios (1.1-17)

«Felicitaciones, es una niña».
«¡Mamá, lo logré! Tengo "Excelente" en matemática».
«Ya puede estar tranquilo. La operación quirúrgica ha sido todo un éxito».
«¡Cariño, por fin me otorgaron el aumento!»
«Se les ha concedido el préstamo. La casa ya es de ustedes».
A veces nos parece que en raras ocasiones nos pasan cosas buenas. La vida puede ser muy dura. Pero hay otras ocasiones cuando todo sale bien, cuando obtenemos lo que tanto hemos ansiado, cuando recibimos noticias realmente buenas, es más, grandes noticias. Un bebé se convierte en parte de la familia. Uno de nuestros hijos por fin logra aprobar una asignatura difícil. Un ser querido soporta bien la intervención quirúrgica y no sólo eso, sino que a partir de allí realmente empieza a sanar. Por fin nos llega ese ingreso adicional que necesitábamos con desesperación. La casa añorada, con el espacio suficiente, ubicada en el vecindario adecuado, diseñada en el estilo que siempre hemos anhelado, al fin se vuelve realidad. Son hitos que forjan nuestros recuerdos, momentos que atesoramos, tiempos agradables para paladares que con demasiada frecuencia reciben sólo los sabores ácidos y amargos.

La carta a los Romanos tiene ese sabor dulce y maravilloso de lo extraordinario. Por la inspiración del Espíritu Santo, el apóstol Pablo escribió una carta asombrosa, de enorme profundidad teológica, desafío moral y de una pertinente relevancia práctica. Todo ello en torno a un tema grandioso: «el evangelio de Dios» (1.1).

Hasta ahora, usted sólo ha probado algo de la comida del evangelio que le ofrece la mesa de Romanos. Pero ahora va a servirse un primer plato, y creo que lo va a encontrar más sabroso que cualquier otro que jamás haya recibido. En realidad proviene de Aquel que trae buenas nuevas, cuyas promesas nunca fallan, cuya fidelidad no claudica, cuya felicidad consiste en ofrecernos a usted y a mí todas las bendiciones del cielo. ¿Qué mejor novedad que esta podríamos esperar jamás?

¡AQUÍÍÍÍÍÍ... PABLO!

En la actualidad, cuando escribimos cartas, colocamos nuestro nombre al final, pero durante el siglo primero el escritor se identificaba al comienzo de su misiva. Eso es lo que hace Pablo en este caso (1.1). Sin embargo, no sólo da su nombre. También se identifica de otras tres maneras. ¿Cuáles son?

Las restantes cartas de Pablo se enumeran abajo. ¿Cómo se presenta en ellas?

1 Corintios

2 Corintios

Gálatas

Efesios

Filipenses

Colosenses

1 Tesalonicenses

2 Tesalonicenses

1 Timoteo

2 Timoteo

Tito

Filemón

¿Qué similitudes y diferencias encuentra? ¿Con qué rasgo se identifica el propio apóstol con más frecuencia? ¿Por qué cree que eligió ese como el principal?

RIQUEZA LITERARIA

Siervo (1.1): La palabra griega puede traducirse como *esclavo* o *servidor*. Encierra una serie de ideas. Puede referirse a un empleado que «no podía renunciar a su trabajo y escoger otro empleador. Entre este tipo de siervos había quienes eran educados y hábiles, y trabajadores comunes y corrientes».[1] La palabra podía referirse también a una persona que pertenecía a otra. En este caso, quizás Pablo tenía en mente el cuadro del Antiguo Testamento en el que un esclavo manifestaba su amor comprometiéndose a servir fielmente a su amo por el resto de su vida (Éx 21.2-6). No importa cuál sea el matiz, lo cierto es que la expresión del apóstol indica la lealtad de Pablo hacia el Señor Jesucristo y su deseo de servirle.

Apóstol (1.1): Un apóstol era un miembro de la iglesia primitiva a quien Dios dio especial autoridad para proclamar y extender el evangelio. El Señor dio a sus primeros doce apóstoles milagrosos dones y habilidades (Mt 10.1-8), y usó algunos de ellos para escribir su Palabra sin errores (Ro 2.16; 1 Co 14.37; 2 Co 13.3; 1 Ti 2.13; 4.15; 2 P 3.15,16). Dios también le concedió a otros el don de fundar y gobernar iglesias que se multiplicaban con gran vitalidad. Las percepciones y enseñanzas de los apóstoles fueron esenciales para mantener a la iglesia en su curso correcto (Gl 1.8,9; 1 Ts 4.8; 2 Ts 3.6,14).

Al inicio de la historia de la Iglesia, cualquiera no podía ser apóstol. La persona debía ser señalada por Dios para esa tarea y debía ser testigo ocular del Cristo resucitado (Mt 10.1-8; Hch 1.21-26). Pablo cumplía ambos requisitos (Hch 9.1-27; 22.6-15; 26.12-20; 1 Co 9.1; Gl 1.1), y se refería a sí mismo como el último de los apóstoles que vio al Señor resucitado (1 Co 15.7,8).

FE VIVA

¿Cómo describiría usted su propia relación con el evangelio y con el Señor? ¿Feliz? ¿Tensa? ¿Se destaca por la seguridad? ¿Está llena de dudas? Como veremos más adelante, Pablo con toda seguridad no se avergonzaba del evangelio (Ro 1.16). ¿Se sentiría a gusto contándole a otros acerca de su entrega a Dios, y de las maravillosas nuevas que Él tiene para la humanidad? Escriba sus pensamientos y preséntelos con franqueza ante Aquel que ya los conoce. Luego considere en oración cualquier cambio que necesitaría hacer en su identificación pública con Dios y su plan de salvación.

INFORMACIÓN ADICIONAL

Con la ayuda de una concordancia de la Biblia o un diccionario bíblico, vea si puede hacer una lista de los restantes apóstoles de la iglesia. Podría buscar las palabras *apóstol(es)*, *apostolado* y *discípulo(s)*. También puede interesarle saber qué les pasó a esos hombres. ¿A dónde viajaron? ¿Qué pueblos y naciones evangelizaron? ¿Qué iglesias fundaron? ¿Cómo murieron? Las enciclopedias y diccionarios bíblicos a menudo traen este tipo de información.

APARTADO PARA EL EVANGELIO

Pablo dice que fue «apartado para el evangelio» (1.1). *Apartado* significa separado *para* algo más bien que *de* algo. Pablo fue escogido para ser consagrado y dedicado al evangelio, no para vivir aislado de las personas o las instituciones, ni tampoco del trabajo «secular». Observe que Pablo hacía tiendas para proveer ingresos para su sustento y el de sus compañeros (Hch 20.34; 1 Ts 2.9; 2 Ts 3.8); también tenía vínculos con personas de distintas razas, religiones y nacionalidades por causa del evangelio (Hch 17; Ro 15.18-21; 1 Co 9.19-22). Los fariseos, por el contrario, pensaban que la santidad exigía el aislamiento. Es más, incluso el nombre *fariseo* significa «separado», en el sentido de aislarse de ciertas personas y cosas.

FE VIVA

¿Cuál es su concepto de separación? ¿Se asemeja al de Pablo o al de los fariseos? ¿Está definida su vida más bien por lo que no hace y las personas con las que no se relaciona que por lo que hace y las personas que desea alcanzar por amor al evangelio? A veces resulta difícil ser objetivo respecto a temas como estos. Si tiene un amigo íntimo o un miembro de su familia en el que puede confiar, pídale ayuda para contestar estas preguntas con sinceridad. Por otra parte, sin embargo, analice sus palabras y acciones en el curso de la próxima semana poco más o menos, pidiéndole al Espíritu Santo que le ayude a verse a sí mismo con objetividad. Luego vuelva a considerar estas preguntas, respóndalas, y en oración y consulta con otras personas, procure hacer los cambios necesarios para llegar a ser el tipo de verdadero siervo que Dios desea, que ame y alcance a otros, y a quien los que buscan la verdad con sinceridad se alegrarían de conocer.

UNA NOTICIA PARA TODA LA VIDA

Al mencionar «el evangelio de Dios» (1.1), Pablo presenta el tema central de su carta. Luego prosigue a describirlo de manera sintética. Lea los versículos del 1 al 6 y responda las siguientes preguntas acerca del evangelio:

¿Cuál es la verdadera fuente del evangelio?

¿A través de quién se reveló?

¿De quién trata el evangelio?

¿Qué dice Pablo acerca de esta persona?

¿Qué se dice acerca del papel del Espíritu Santo?

¿Cómo beneficia el evangelio a los creyentes?

PLANES DE VIAJE

Pablo, después de su propia presentación y el tema de su carta, saluda a los destinatarios, los creyentes (*santos* se refiere a todos los cristianos, no sólo a un grupo especial de creyentes) en la antigua Roma (1.7). ¿Cómo los describe? ¿Qué anhela para ellos?

 ## RIQUEZA LITERARIA

Gracia (1.7): A través de todos los escritos de Pablo, cuando relaciona esta palabra con la deidad, se refiere al amor gratuito e inmerecido que Dios ofrece a los seres humanos por medio de Jesucristo y que se hace efectivo mediante el ministerio del Espíritu Santo.

Paz (1.7): La paz que viene de Dios es una sensación de bienestar que sus hijos disfrutan por el poder de su gracia.

Aquí Pablo revela su deseo de visitar Roma y el porqué desea hacer el viaje. Pero en el contexto de la explicación que ofrece en relación con todo esto, aprendemos mucho acerca de Pablo y su afecto hacia los cristianos romanos.

¿De qué está agradecido Pablo? (1.8)

¿Qué pedía Pablo en oración? (1.9,10)

¿Por qué quiere visitar Roma? (1.11-15)

¿Qué le dicen estos versículos acerca de Pablo?

 FE VIVA

¡Al leer acerca de la relación de Pablo con Dios nos puede hacer sentir culpables! Y recuerde, él no fue un supersanto. Aunque fue llamado a servir como apóstol, eso no lo colocaba sobre un pedestal. Pero servía al mismo Señor que servimos, Aquel que nos llenará de poder para una vida de piedad tal como se lo dio a Pablo.

Por lo tanto, tómese algunos minutos para reflexionar acerca de lo que expresa Romanos 1.8-15 sobre la vida de oración de Pablo, sus motivaciones y su compromiso con una comunidad de creyentes que ni siquiera conocía. ¿Apuntan esas cosas hacia algún cambio que debería hacer en esas áreas de *su* vida?

CELO EVANGELÍSTICO

Si por algo era conocido Pablo, era por su valentía y su dedicación (Hch 9.1-30; 13.4-52). Sin embargo, cuando hace referencia al evangelio en Romanos 1.16, dice: «Porque no me avergüenzo del evangelio[...]». ¿Por qué deja que sus lectores sepan que no se sentía avergonzado? ¿Lo decía para suavizar cualquier idea que pudieran tener acerca de él, o procuraba estimular a los creyentes para que fueran valientes en su testimonio y consagrados al evangelio? Fundamente su respuesta en base a lo que ya ha investigado en el libro de Romanos.

Puesto que el evangelio es para todos, ¿por qué cree que Pablo dice «al judío primeramente»? (1.16) Antes de responder, analice la manera en que Pablo llevaba a cabo la evangelización y sus propios comentarios al respecto (Hch 13.5,14,42-52; 14.1-7; 17; 18.1-8,19; 19.8-10; 28.17-31).

LO QUE ABARCA EL EVANGELIO

Hoy en día, cuando la mayoría de los cristianos hablamos acerca de la salvación, nos referimos al acto *inicial* de confiar en Jesús como el Salvador que nos libra del pecado y como el Señor de nuestras vidas. ¿Es esto todo lo que Pablo tenía en mente? No. Como veremos en este estudio de Romanos, lo que Pablo entendía por evangelio de la salvación era algo mucho más completo. La salvación en Cristo es algo total. Abarca cada aspecto de nuestra vida, desde el momento en que confiamos en Cristo por el resto de nuestra peregrinación terrenal, incluyendo además toda nuestra vida de pleno esplendor en la eternidad. Comprende la salvación de la condena por el pecado (es decir, la muerte aquí y para siempre), del poder que el pecado (que nos encadena a la muerte aquí y para siempre), y de la presencia del pecado (que procura abofetearnos con la muerte aquí y para siempre). El Señor nos justifica, librándonos de la sentencia del pecado (Ro 3.21—5.21); nos santifica, librándonos del poder del pecado (6.1-8.16) y nos glorifica librándonos de la presencia del pecado (8.17-30). Él nos salva por completo, no sólo nuestra alma o nuestro espíritu, sino también nuestro cuerpo (8.23; 1 Ts 5.23). No deja ninguna parte de nuestro ser sin redimir. Cada parte de nosotros es limpiada, regenerada, sanada, transformada. Así que la Biblia presenta un evangelio completo para todo el mundo, que abarca la totalidad de cada persona durante toda su vida. ¡Esto sí que es un plan integral de salud! ¿Cómo podemos apropiarnos de este extraordinario plan? ¿Cómo podemos utilizar este plan? Hay una sola manera: por fe (Ro 1.17). Pablo lo expresa aquí de manera dramática, a pesar de lo breve de su declaración. No obstante, para comprenderlo claramente resulta útil conocer los antecedentes.

La expresión «la justicia de Dios» se refiere a la justificación que Dios provee. Puesto que es Dios quien la otorga, esta justificación es consecuente con el carácter y las normas de Dios. Lo que Dios nos ofrece es la debida relación con Él. Esta debida relación es la que se nos revela, se nos manifiesta «por fe y para fe» (1.17). En otras palabras, comienza con la fe y continúa con la fe. Pablo subraya este concepto citando Habacuc 2.4: «Mas el justo por la fe vivirá». Este pasaje del Antiguo Testamento expresa literalmente lo siguiente: «¡La persona justa vivirá en [o por] su fidelidad [firmeza, integridad, convicción, fe, perseverancia]!» *Vivirá* es una expresión que virtualmente equivale a *será salva*. Una correcta relación con Dios comienza con nuestra disposición a mostrar fe plena en Cristo y se mantiene mediante el ejercicio de una fe que deposita su confianza en Él. Sí, Dios es quien nos salva y quien nos capacita. Sin embargo, de la misma forma que debemos recibir la salvación por fe, debemos crecer y perseverar en esa salvación por medio de la fe.

¿Por qué debe ser aceptada por fe la justificación que proviene de Dios? ¿Podemos ganarla u obtenerla de alguna otra manera? No hay ninguna posibilidad, responde Pablo, y pasa a explicarnos el porqué en la segunda mitad de Romanos 1.

Lección 3 / No hay excusas
(1.18—2.16)

—¿Por qué hiciste eso, Santiago? —le preguntó exasperada su mamá—. Te he dicho una y mil veces que no molestes a tu hermana. ¿Por qué no me escuchas?

—¡Pero ella me sacó la lengua! ¡La odio! —Santiago estaba convencido de que su reacción había sido legítima y justificada, y no tenía por qué volverse atrás.

Pero, sin embargo, su mamá ya estaba cansada.

—Santiago, estoy harta de tus excusas. Si Sara te molestó, actuó mal. Pero eso no te da derecho a burlarte de su apariencia, ni de los juguetes con los que juega, ni de sus amigos, ni por cualquier otra cosa. Dos mal hechas no equivalen a una bien hecha. ¿Cuándo vas a aprender eso?

Santiago sabía de qué hablaba su mamá. No era nada nuevo. Se lo había dicho muchas veces. Sin embargo, pensaba que no era cuestión de que las payasadas de su hermana quedaran sin recibir su merecido, no importa qué dijera su madre.

—Lo que Sara me hizo a mí tampoco estaba bien —contestó Santiago—. Deberías hablar con ella también. No debiera ser yo el único que reciba una reprimenda.

—Tienes razón. Por supuesto que *hablaré* con ella. Pero aun así *no* tienes excusa por tu comportamiento».

—Pero, mamá...

—Basta de «peros» —dijo su madre con evidente enojo—. Basta de tus excusas. Vete a tu habitación mientras pienso qué penitencia te voy a imponer.

—Pero, mamá...

—¡Vete! ¡Ahora mismo!

Santiago hizo una mueca de indignación, giró sobre sus talones y salió como una tromba de la habitación, cerrando de un portazo la puerta de su dormitorio. No importa qué dijera su madre, él seguía convencido de que tenía derecho a pelear con su hermana.

Excusas. Excusas. Pero aun cuando somos mayores y al parecer debemos entender mejor, cuántas veces nos portamos igual que Santiago. Tratamos de justificar nuestras acciones disparatadas en lugar de reconocer nuestra falta y buscar perdón:

- «Si mi jefe supiera hasta qué hora me quedé trabajando en ese proyecto suyo, no se hubiera enojado conmigo porque falté dos veces al trabajo la semana pasada».
- «Mi esposa me ignora de muchas maneras, de modo que pienso que debo tener derecho a quedarme hasta altas horas siempre que me dé la gana y sin avisarle».
- «Como él me ofendió la última vez, no me siento culpable de haberlo puesto en ridículo delante de sus amigos».
- «Puesto que no me otorgaron el aumento ni el ascenso que esperaba, decidí tomarme más días de licencia por enfermedad, simplemente para quedarme en casa a descansar y jugar un poco más al golf».

No sólo damos excusas a nivel humano, sino también las damos en el ámbito espiritual. Pablo nos pone frente a este hecho en Romanos 1.18—2.16. Aunque nos haga sentir un poco incómodos enfrentarnos a nuestros razonamientos y reconocerlos por lo que son, jamás podremos disfrutar de todos los beneficios del evangelio si no lo hacemos. Por lo tanto, sigamos adelante. Vernos al descubierto delante de nuestro Padre celestial puede doler un poco, pero bien vale la pena la extraordinaria sanidad que produce.

LO QUE TODOS SABEMOS

Ya hemos visto que la justicia de Dios (la posición debida ante Él que sólo Dios puede darnos), viene a través del evangelio, la buena noticia acerca de la salvación por fe mediante el Hijo de Dios, Jesucristo (Ro 1.6,17). Pero esto presupone que necesitamos que Dios nos justifique. De alguna manera, alguna vez, nos hemos apartado de la correcta relación con Él. Al hacerlo, hemos dañado la relación a tal punto que no podemos restablecerla por nosotros mismos. Nada de lo que pudiéramos hacer podría jamás arreglar las cosas entre nosotros y nuestro Creador. Por eso Dios tuvo que venir e iniciar lo que éramos incapaces de hacer.

¿Qué ocurrió? ¿Qué hizo la raza humana que resultó ser tan censurable para Aquel que nos había creado? ¿Cómo perdimos la debida relación con el Señor? Como un fiscal que defiende la posición de Dios, Pablo presenta las pruebas de nuestro mal proceder para que podamos verlo. La descripción que hace es sombría y convincente. No deja ninguna duda de que el juicio que pesa sobre nosotros es inflexible; somos definitivamente culpables.

¿Por qué está enojado Dios? (1.18-21)

Analicemos con más profundidad estos versículos para que percibamos claramente la causa de la separación entre la humanidad y Dios. Debemos empezar por entender cabalmente algunas palabras y frases claves.

RIQUEZA LITERARIA

Ira de Dios: Es la ira justa y legítima de Dios contra todo lo que tuerce o distorsiona sus propósitos, y que en consecuencia quebranta y ofende su carácter santo y recto.
Impiedad: Falta de reverencia para con Dios, tanto en términos de rebeldía como de indiferencia.[1]
Injusticia: Los actos de injusticia cometidos por los seres humanos en sus relaciones interpersonales.
Detener la verdad: «Reprimir», racionalizar o tratar de excusar u ocultar la verdad acerca de uno mismo, de los demás, de Dios o de cualquier otra cosa.

Pablo dice que Dios está profundamente airado a causa de la «impiedad e injusticia» de la humanidad (1.18). Dado que la impiedad caracteriza nuestra relación con Dios y la injusticia describe la forma en que nos tratamos unos a otros, ¿qué nos dicen las expresiones de Pablo acerca de lo que preocupa a Dios? ¿Está nuestro Creador molesto sólo por la manera en que lo tratamos a Él? ¿Por qué cree que le importan tanto las relaciones entre los seres humanos?

INFORMACIÓN ADICIONAL

Éxodo 20.1-17 contiene los Diez Mandamientos. Trate de reformularlos con sus propias palabras. Luego considere cuántos de estos mandamientos tienen que ver con nuestra relación con Dios, y cuántos a la manera en que nos tratamos entre nosotros. ¿Ve alguna correlación entre estos mandamientos y lo que Pablo dice en Romanos 1.18? Aunque el acto de detener la verdad puede referirse a cualquier información acerca de cualquier cosa o persona, Pablo se centra en algunas verdades concretas respecto a Dios.

¿Cuáles son las verdades acerca de Dios que la gente ha ocultado? (1.20)

¿Cómo conocieron los seres humanos estas verdades en primer lugar? (1.19,20)

¿Hasta qué punto son obvias estas verdades? ¿Pueden los seres humanos sostener que las ignoran? (1.20)

¿De qué manera se manifiesta este encubrimiento de la verdad? (1.21-23) Compare su propia respuesta con lo que dice Pablo en 1.18. ¿Encuentra alguna relación?

Analice de nuevo los versículos 21-23. ¿Qué progresión hay en la degradación del ser humano? ¿Dónde se inicia? ¿Cómo afecta al ser humano y a su relación con Dios?

 FE VIVA

Antes de seguir avanzando conviene que reflexionemos sobre la aplicación de lo aprendido.

¿Qué evidencias encuentra en el orden creado acerca de la existencia y el carácter de Dios?

¿Ha usado el Espíritu Santo estas evidencias (o cualquier otro tipo de evidencia) para convencerlo a usted, o a alguna persona que conoce, sobre quién es Dios y de que Él realmente vive? Si así fuera, relate lo ocurrido.

Según lo que entiende de Romanos 1.18-23, ¿cuáles son los límites de la «revelación natural»? En otras palabras, ¿qué es lo que la creación material nos muestra o nos dice acerca del Creador? ¿Sobre qué guarda silencio?

Repase ahora los pasajes que se señalan a continuación. Procure descubrir de qué manera confirman o amplían lo que expresa Romanos 1.18-23 acerca de los límites de la revelación natural.

Salmo 19.1-6

Hechos 14.17

Hechos 17.22-30

Romanos 2.14,15

¿Promueven o desbaratan estos pasajes el concepto tan popular en nuestros días de que todos los caminos llevan a Dios y que todas las perspectivas religiosas son simplemente diferentes maneras de percibir la misma verdadera Realidad? ¿Cómo podría usar estos versículos para mostrarle a alguna persona que hay un solo Dios y que cualquier concepto contrario a Él es falso?

La idolatría consiste en reemplazar al Dios verdadero por uno o más dioses falsos o demoníacos. Los dioses falsos pueden ser mentales o metálicos, animales o humanos, monetarios o tecnológicos. En realidad, puede serlo cualquier cosa que se propone como un sustituto del único Dios. ¿Cuáles son algunos de los ídolos que usted puede reconocer en nuestra sociedad, incluso entre sus vecinos? Tómese también algunos minutos para examinar su propio corazón y mente. ¿Ha erigido allí algunos dioses falsos? ¿Tiene algo que confesar ante Dios?

CUANDO DIOS SE DA POR VENCIDO

En lo que resta del capítulo 1 de Romanos Pablo hace girar su acusación de la raza humana en torno a una sola idea: Dios entrega a la humanidad a su propia y creciente inmoralidad (vv. 24,26,28). Como podrá observar, cuando la gente reemplaza al Dios verdadero —Aquel que sabemos que realmente existe y quien merece toda nuestra gratitud y alabanza— por dioses falsos o demoníacos, convierten a sus «dioses» en la norma para determinar lo correcto y lo incorrecto, o lo verdadero y lo falso. Es más, se han puesto a sí mismos en el lugar que le corresponde a Dios. Cuando cualquiera de nosotros hace esto, Dios nos permite tomar el curso de nuestra propia orientación en la vida; nos entrega a nuestra propia insensatez y deja que fijemos nuestras propias pautas en cuanto a pensamiento y conducta. El resultado es un caos trágico y destructivo. Véalo por sí mismo. Lea Romanos 1.24-32. En la columna de la izquierda, anote lo que ocurre cuando Dios abandona a la gente a sus propios deseos idolátricos. Cuando haya terminado, le diré qué hacer en la columna de la derecha.

RASGOS IMPÍOS	RASGOS PIADOSOS

Ahora que sabe lo que caracteriza la impiedad, vuelva a su propia lista para descubrir lo que caracteriza la piadosa. ¿Cómo puede descubrirlo? Tomando cada rasgo negativo y anotando el positivo que se le opone. Por ejemplo, lo contrario de la inmundicia (v. 24) es la limpieza y lo positivo que se opone a las concupiscencias del corazón (v. 24), son los buenos deseos que nacen del corazón. Estas descripciones positivas le ayudarán a advertir cómo quiere Dios que sea su pueblo, por contraste con aquellos que se le rebelan y sirven a dioses falsos.

 FE VIVA

Revise nuevamente la columna de la izquierda. ¿Conoce individuos que muestran alguna de esas características? Si es así, implore a Dios por ellos, pidiéndole que les ayude a reconocer la imperiosa necesidad que tienen de Él. También pídale a Dios que le abra las puertas para que con amor pueda hablar a esas personas del poder salvador de Dios.

Ahora estudie la columna de la derecha, el lado de los «rasgos piadosos». ¿Encuentra características que aún no son parte de su propia vida? No piense sólo en términos de lo que otros pueden ver, sino también en las que yacen escondidas en lo más profundo de su mundo interior, en el de sus pensamientos y motivaciones. No importa en qué esté fallando, no se desespere. Dios está en el proceso de purificar y transformar su vida. La santidad no es algo que se obtiene de la noche a la mañana; lleva tiempo, en realidad lleva toda la vida y sólo se completará en el cielo. De manera que en lugar de sentirse impotente, recurra al único que le ofrece esperanza y pídale que lo capacite, mediante el poder santificador de su Espíritu, para experimentar una vida más piadosa, especialmente en los aspectos con los que está luchando. Nuestro Padre celestial siempre se complace en conceder las peticiones de esta clase a sus hijos.

JUICIO A LOS ENJUICIADORES

Ahora Pablo dirige el proceso contra la rebelde humanidad hacia su característica más corriente: la actitud farisaica de juzgar a otros, también conocida como hipocresía. Pero antes de hacerlo, el apóstol dice lo siguiente: «Por lo cual eres inexcusable» (2.1). La expresión *por lo cual* vincula lo que sigue con lo que precede. Es una conjunción lógica que significa la conclusión de un argumento.

Repase el capítulo 1 de Romanos e intente determinar cuánto abarca el *por lo cual;* luego sintetice brevemente el argumento de Pablo, a fin de que perciba con más claridad la fuerza de su conclusión.

Pasando ahora al tema de la hipocresía, analice Romanos 2.1,2; luego, a partir de ese pasaje, elabore una definición de lo que es juzgar con espíritu farisaico.

 ## INFORMACIÓN ADICIONAL

Comience con Mateo 7.1-5. ¿Qué dice Jesús acerca de la hipocresía? Para ayudarlo a captar la fuerza de sus palabras, consulte un comentario bíblico o busque la palabra hipocresía en un diccionario bíblico. Averigüe lo que dicen estas fuentes acerca de los términos que Jesús escoge para expresarse en este pasaje, especialmente en el caso de las palabras traducidas como «paja» y «viga». ¡Jesús tenía un gran sentido del humor!

¿Qué piensa Dios acerca de la hipocresía? (Ro 2.2,3)

Según el versículo 4, ¿con qué quiere Dios que reemplacemos una actitud hipócrita?

¿Qué hará Dios con los que juzgan con espíritu farisaico y se niegan a cambiar, y en base a qué los va a juzgar? (2.5-9)

¿Qué le dará Dios al que se arrepienta y sobre qué fundamento? (2.7,10)

 ## ENTRE BASTIDORES

A primera vista, los versículos del 7 al 10 parecen enseñar que la salvación es por obras. Pero no puede ser así, puesto que entraría en contradicción con lo que Pablo mismo dice en otras partes de Romanos (3.21-28; 4.1-8), como así también con lo que enseñan las Escrituras en otros libros (Ef 2.8,9; Tit 3.5). ¿Qué es, entonces, lo que enseñan estos dos versículos? La idea central es que Dios juzga con imparcialidad. A quienes se conducen de manera egocéntrica y hacen lo malo (en otras palabras, los que no son salvos) Dios juzgará de una manera apropiada y justa, derramando su ira sobre ellos. Sean judíos o gentiles, no habrá diferencia alguna. De la misma manera, los que demuestren su verdadera naturaleza como hijos de Dios, haciendo el bien y buscado su Reino, recibirán el fruto de su relación con Él y de su servicio para Él, o sea, la vida eterna. Y esto lo tendrán independientemente a su situación racial o su nacionalidad: «... porque no hay acepción de personas para con Dios» (v. 11). Dicho en otras palabras, somos salvos por fe; pero la fe viva y verdadera siempre produce buenas obras. Si no es así, se trata de una fe falsa y sin vida (Stg 2.14-26).

EL JUEZ JUSTO DE TODOS

En Romanos 2.12-16 Pablo dirige su atención al Juez supremo, y procura demostrar la legitimidad de sus juicios. El apóstol muestra que Dios es justo en sus sentencias, explicándonos que ejerce juicio imparcial sobre todos los seres humanos.

¿Usa Dios la misma vara para juzgar a todas las personas? (2.12-15)

¿Hasta dónde alcanza el juicio de Dios? (2.16)

La última frase de este pasaje («conforme a mi evangelio») demuestra que la buena noticia incluye una porción de malas noticias. Dios juzgará a todos: juzgará sus acciones, sus motivaciones, sus pensamientos, sus palabras... todo lo que usted pueda imaginar, absolutamente todo caerá bajo el omnipotente escrutinio del Juez. Ninguno de nosotros, ni una sola persona, podrá sobrevivir a ese juicio. Esto parece terrible, pero no tanto. Porque los que nos arrepentimos y aceptamos por fe la misericordiosa provisión de perdón total y eterna que Dios ofrece por medio de Jesucristo, descubriremos que el Juez está de nuestro lado. En lugar de que su mazo descienda para pronunciar una sentencia de muerte eterna, nos abrazará como haría un Padre amante con sus hijos, y nos dará la herencia incorruptible de una vida imperecedera con Él. ¡Eso sí que es una buena noticia, una noticia realmente extraordinaria! ¡De modo que Pablo nos presenta las *malas* noticias con el propósito de estimularnos a escuchar y recibir las *buenas* noticias!

Lección 4/No hay excepciones
(2.17—3.20)

—¡Eso no es justo, papá! —exclamó Jaime casi a gritos mientras cruzaba los brazos en actitud desafiante y se hundía en el sillón—. Ya sé que no he terminado mi tarea para la escuela, pero ya había planeado ir a ver esa película y ahora que va mi amigo Samuel, yo también puedo ir.

—Pero Jaime —repuso con calma su padre—, tú sabes cuál es la regla: no puedes salir hasta que hayas terminado la tarea.

—Lo sé, lo sé. Pero me arruina la oportunidad de divertirme —respondió Jaime.

—Mira, hijo, esta regla no tiene la intención de privarte de la posibilidad de divertirte. En realidad, tu madre y yo la fijamos para que tuvieras libertad para divertirte aún más. Es mucho mejor que al salir sepas que ya has cumplido tus obligaciones en lugar de llevarlas como un peso en tu mente, que te está esperando al regreso.

—¿No puedes hacer una excepción por esta vez? —suplicó Juan—. Por favooor. Apenas regrese a casa, haré mis tareas... lo prometo.

—No —fue la firma respuesta de su papá—. Nunca hicimos excepciones con tus dos hermanas y no vamos a empezar a hacerlas ahora. Tienes ciertas obligaciones que cumplir antes que puedas salir. Si no las terminas antes de que Samuel y su familia salgan para ir al cine, tendrás que dejar pasar la invitación.

—Pero...

—No hay excepciones, Jaime. No hay excepciones.

¿Ha habido una conversación semejante en su hogar alguna vez? Quizás lo que estaba en juego no era una salida al cine. Quizás se trataba de ir a ver un partido de pelota, a una fiesta en el vecindario, o un compromiso con un amigo o una amiga, o algún otro acontecimiento especial. Cualquiera que sea el caso, como padre, tuvo que trazar la línea con amor, por supuesto, pero con firmeza. Usted sabía que si mostraba vacilación, si hacía una excepción, una regla importante quedaría socavada. Y si desaparecía la regla, la relación entre usted y su hijo podría sufrir también. De modo que mantuvo su postura, seguramente al precio del descontento de su hijo.

¿Sabía que nuestro Padre celestial nos trata a nosotros de un modo similar? Fija ciertas reglas, normas, todas orientadas a promover nuestro bienestar y el mejoramiento de la familia de creyentes. En la medida en que cumplamos fielmente esas normas, hemos de prosperar, y lo mismo ocurrirá con la familia de Dios. Pero cuando las transgredimos nos hacemos daño, también a nuestro Padre y perjudicamos lo que Él quiere hacer a través de nosotros para promover su Reino. Por lo tanto, ¿cómo actúa Dios? ¿Vuelve simplemente la mirada hacia otro lado? ¿Acepta excusas por nuestro comportamiento? ¿Nos considera como excepciones a la regla? En absoluto. Todos somos responsables ante Dios y Él nunca anula esa responsabilidad aunque a veces *nos* disguste.

Veamos lo que Pablo tiene que decir en relación con todo esto.

NO SE PERMITEN PRIVILEGIADOS

Si alguien podía reclamar exención, eran los judíos. Al fin y al cabo, Dios los eligió para recibir un trato especial. A ellos se les dio la Ley. Llevaban la señal física del pacto con Dios, la circuncisión. Dios los guió para establecerse en una tierra nueva. Él les dio victoria tras victoria. Dios demostró a través de ellos que Él era el único Dios verdadero, el único digno de adoración y alabanza. Les dio señales milagrosas de su presencia y de su compromiso para con ellos. Sí, eran en realidad especiales. Es cierto que cometieron algunos errores y que a veces provocaron la ira de su Señor. Pero Él prometió que no los abandonaría nunca. En efecto, eran los elegidos, cuidadosamente escogidos por el Creador de todo lo que existe. ¡Cómo no habría de eximirlos de su ira!

¿Pero acaso lo fueron?

Lea Romanos 2.17-29. ¿En qué confiaban los judíos que les daría un lugar especial ante de Dios? ¿De qué se jactaban?

Ahora vuelva a leer los mismos versículos, tomando nota de *por qué* no había ningún pedestal especial para los judíos. ¿Por qué no tenían derecho a exigir una posición de exención?

Pablo redondea su argumento en Romanos 2 haciendo una distinción entre la circuncisión externa y la interna (vv. 25-29). En tiempos de Pablo, la mayoría de los judíos llegaron a creer que sólo los circuncidados en la carne eran salvos. Pensaban que este rito religioso físico garantizaba el acceso al Reino eterno de Dios.[1] Sin embargo, por medio de la pluma de Pablo Dios manifestó una opinión diferente, una opinión que se oponía categóricamente a esta perspectiva. Considere nuevamente Romanos 2.25-29, y procure expresar con sus palabras lo que Dios valora más que la circuncisión física.

 FE VIVA

¿Está apoyando su relación con Dios con muletas externas? ¿La asistencia a la iglesia? ¿El ejercicio de dones espirituales? ¿La manera en que se viste o se comporta? ¿El bautismo en agua? ¿La evangelización? ¿Las visitas a los hospitales? ¿La participación en el coro? No quiero que me entienda mal. Todas estas cosas Dios las puede usar para Su gloria y para extender su Reino. Pero si usted confía en ellas como los judíos confiaban en la circuncisión (para obtener acceso al eterno disfrute de la bendición celestial), significa que debe modificar su perspectiva y el fundamento de su confianza. Observar los ritos religiosos y andar haciendo el bien deberían ser expresiones externas de la realidad interior de una correcta relación con de Dios. No son medios para la salvación, sino señales de ella. Si se ha confundido respecto a este concepto bíblico, deténgase ahora mismo y acuda a Dios, poniendo su confianza sólo en Él para su salvación, desde el comienzo con la justificación, hasta el final con la glorificación.

EN DEFENSA DE DIOS

Como un astuto abogado, Pablo anticipa varias objeciones a lo que acaba de argumentar. Cada una de las críticas proviene de sus lectores judíos y cada una de ellas enjuicia a Dios. Pero como veremos, la defensa del Señor es inconmovible. Además, lleva a una declaración que encuentra a todos sus acusadores, judíos y gentiles por igual, culpables.

Lea Romanos 3.1-20. Al hacerlo, identifique las objeciones de las cuales se ocupa Pablo. Una pista: Todas se plantean en forma de preguntas. Vuelva a formularlas con sus propias palabras y luego sintetice las respuestas que ofrece Pablo.

Objeción 1 (3.1):

Respuesta 1 (3.2):

Objeción 2 (3.3):

Respuesta 2 (3.4):

Objeción 3 (3.5):

Respuesta 3 (3.6-8):

Objeción 4 (3.9):

Respuesta 4 (3.9-20):

No sólo somos inexcusables delante de Dios, sino que somos culpables delante de Él. Hemos transgredido sus normas de justicia. Ni uno solo de nosotros jamás ha procedido de otra manera. Por lo tanto, guardar la Ley no nos salvará; no nos justificará ante Dios. En cambio, la Ley nos demuestra que todos somos pecadores, transgresores, criminales. ¡No hay excepción! (Todos, es decir, excepto uno, del cual aprenderemos más en el próximo capítulo.)

De modo que por el momento tenemos que comprender cuál es el cargo que obra en contra de nosotros, analizar las pruebas y evaluar las consecuencias. Y cuando lo hacemos, se derrumban los argumentos con los que pretendemos defendernos. Nos dejan en silencio, mudos. Si no mediara la misericordia del Juez, si no mediara el amor y la gracia del Padre para con sus hijos pródigos, todos sin excepción careceríamos de esperanza alguna, atrapados y condenados por nuestros propios pecados.

¿Hay una salida de escape? ¿Tenemos alguna esperanza? ¡Sí, alabado sea Dios, la hay! Y la encontramos en las buenas nuevas del evangelio que está a punto de ser revelado en su prístina belleza, enriquecido por el Espíritu, siempre dinámico y transformador de vidas.

Lección 5 / Estemos a bien con Dios (3.21—4.25)

La silueta de sus diecisiete años evidenciaba la profunda alienación que sentía Jennie. Sus ojos contemplaban perdidamente el suelo, sin concentrarse en nada en particular, limitándose a atisbar el espacio vacío. Estaba sentada, cansada y tensa, sosteniéndose con sus gastadas manos apretadas bajo sus delgados brazos, con las cicatrizadas piernas firmemente cruzadas. Para apoyarse aún más, tenía un pie firmemente ceñido detrás del otro, impidiendo que el más mínimo rayo de luz de la habitación penetrara entre ellos. Lentamente, pero con un ritmo incesante, se balanceaba hacia adelante, luego hacia atrás, como si fuese una frágil muñeca acunándose a sí misma.

Desde que escapó de su casa, Jennie había visto más del lado tenebroso de la vida que lo que la mayoría de las personas ve en toda una vida. No había sido siempre así. Jennie pensaba que sus padres no la entendían, que estaban tratando de impedir que lograra su sueño de llegar a ser una cantante rica y famosa. Todos coincidían en que tenía muy buena voz. De modo que decidió hacer realidad su sueño y se fue de su casa en busca de fama y fortuna.

Las cosas resultaron más difíciles de lo que había imaginado. Tuvo un rápido comienzo y empezó a cantar en pequeños cabarets y en fiestas privadas o sociales. Pero los trabajos eran escasos y muy espaciados. Necesitaba más dinero. Además, la letra de las canciones le recordaban todo lo que había dejado atrás. Amistad, amor, seguridad, protección. Sí, hubo algo de sufrimiento e incomprensión, pero todo el ambiente hogareño fue un refugio de apoyo y estímulo. ¿Se habría equivocado? Todavía tenía demasiado orgullo como para contestar afirmativamente esta pregunta, de modo que siguió adelante, tratando de afianzar su carrera.

Las ofertas de trabajo llegaban con demasiada lentitud, pero el dolor que crecía en su interior parecía incrementarse cada vez más rápido. Trataba de ignorar el sufrimiento. Eso no daba resultado.

Así que trató de anestesiarlo. Su medicación vino a ser química y sexual. Por un tiempo, parecían ayudarla. Al menos la lanzaban a un mundo que le permitía olvidar. Pero la realidad persistía en introducirse furtivamente para recordarle que estaba sola por completo, al parecer abandonada y fracasada. Con el tiempo, lo único que le quedaba era vagar por las calles. Se convirtió en un caso más de la estadística de gente sin hogar, que revolvía los basureros por alimento y ropa, y buscando sitios para dormir en las calles sin salida, los portales y los parques. Su sueño estaba destrozado, su seguridad perdida, su orgullo aplastado.

Afortunadamente, sus padres no se habían dado por vencidos. Desde el día en que su hija abandonó el hogar, la habían buscado incesantemente. Al final, su perseverancia se vio premiada. La policía encontró a Jennie en una provincia cercana. Las autoridades aceptaron retenerla hasta que llegaran sus padres.

Eso es lo que Jennie esperaba. Sabía que sus padres estaban en camino. ¿Qué les diría? ¿Cómo podía presentarse ante ellos? ¿Qué dirían? ¿La seguirían amando después de todo lo que había hecho? Jennie estaba asustada, pero no tenía otro lugar a donde ir. Su lucha había terminado.

De pronto, por el rabillo del ojo, vio que se abría la única puerta de la habitación en la que estaba. «Jennie», dijo suavemente la mujer policía, «alguien ha venido a verte».

Jennie volvió lentamente la cabeza y vio a su mamá y a su papá que entraban casi a empujones por la puerta. Sus brazos rodearon su figura pequeña y débil, y las lágrimas mojaron sus mejillas. No oyó reprimenda alguna, nada de «yo te lo había advertido», ni una palabra de condenación. Todo lo que sintió fue perdón, gratitud, aceptación incondicional. El amor la cubrió. Por fin, Jennie estaba de regreso en el hogar. Sollozó aliviada.

La historia de Jennie es también la nuestra. Nosotros también somos fugitivos. Decididos a perseguir nuestros sueños a nuestra manera, huimos del infinito amor de Dios. Al igual que Jennie, hemos comprobado que nuestra manera de hacer las cosas no es la mejor. Nuestra vida no ha mejorado. Quizás en ocasiones experimentemos alguna ganancia; pero nunca es permanente, y siempre hay algo que suena hueco. Sabemos que estábamos destinados a algo mejor, mucho mejor.

Pero nunca encontraremos ese algo si seguimos escapando. Algún día, de alguna manera, tendremos que llegar al fondo de nosotros mismos y volvernos a Dios. Cuando lo hagamos, no tendremos que andar mucho. Descubriremos que Dios siempre nos ha estado persiguiendo. Anhela que volvamos para que nuestra relación con Él sea restaurada. No nos apuntará a la cara un dedo acusador ni nos avergonzará cuando volvamos a Él. Al contrario, las bendiciones del cielo se derramarán sobre nosotros y nos rodearan restaurando nuestro corazón, transformando nuestra mente, sanando nuestra alma de todas las heridas e injusticias de la vida. ¿Cómo sucede esto? ¿Cómo podemos recibir semejantes riquezas restauradoras? Todo comienza haciendo las paces con Dios. De eso es lo que trata Romanos 3.21—4.25.

«PERO AHORA...»

En la carta a los Romanos, las dos palabritas «pero ahora» con las que comienza el 3.21 introducen el contraste que hemos anhelado escuchar. Después que se nos ha descrito la lamentable situación en que nos encontramos y lo desesperada que es nuestra situación, al menos en la medida en que sigamos tratando de mejorarla por nuestra propia cuenta, la expresión «pero ahora» nos prepara para la solución. Estas palabras traen el eco de Romanos 1.18 y los versículos que siguen hasta el 3.20. Para saborear por adelantado esa transformación de la que vamos a aprender, complete las frases siguientes:

ANTES...	PERO AHORA...
Recibimos la_____de Dios (1.18)	Recibimos de Dios la_____ (4.6)
Revelada desde_____ (1.18)	Revelada aparte de_____ (3.21)
Rechazamos a Dios por_____	Aceptamos a Dios por _____
_____ (1.21)	_____ (3.22)
Condenados por nuestras_____	Justificados por nuestra _____
_____ (2.6)	sin las_____ (3.28)

Ahora que ya hemos disfrutado del aperitivo, pasemos al plato principal. Estamos a punto de saborear los platos esenciales del evangelio.

LA RESPUESTA DE DIOS A NUESTRO FRACASO

Dado que la Ley de Dios pone de manifiesto nuestro fracaso y no puede ayudarnos a enmendar nuestra relación con Dios (Ro 3.20), ¿cuál es la respuesta? No podemos encontrarla en nosotros... porque nosotros somos el problema. De modo que debe venir de Dios. ¿Y cuál es Su respuesta? Su justicia. Dios nos pone en la debida relación con Él. Esto es lo que significa la «justicia de Dios» en Romanos 3.21. Como ya ha podido ver al completar el cuadro anterior, esta aceptación se alcanza «independientemente de la Ley». Este tipo de justicia no puede alcanzarse mediante la obediencia a la Ley, una Ley que de todos modos no obedecemos. Sólo puede ser recibida como un regalo. Pablo nos dice que «por la ley y por los profetas» se da testimonio de esta verdad (v. 21).

RIQUEZA LITERARIA

Por la ley y por los profetas (3.21): Esta frase resume el contenido de todo el Antiguo Testamento. La Ley se refiere al Pentateuco (los cinco primeros libros de la Biblia: Génesis, Éxodo, Levítico, Números y Deuteronomio). Los profetas se refiere al resto del Antiguo Testamento.

Como veremos, Pablo se remitirá a ambas secciones de la Biblia hebrea para demostrar que enseñan cómo el ser humano puede relacionarse correctamente con Dios. En otras palabras, el evangelio en esencia no es nada nuevo. La justicia siempre ha sido un don de Dios; las Escrituras nunca han enseñado otra cosa.

LA RESPUESTA DEL HOMBRE AL OFRECIMIENTO DE DIOS

¿Qué debemos hacer para recibir el regalo de la justicia? La respuesta está en 3.22.

Fe es confianza, seguridad. ¿Quién se supone que es el centro de nuestra confianza? (v. 22)

¿Está excluido alguien de este ofrecimiento? (v. 22)
¿Por qué no? (v. 23)

RIQUEZA LITERARIA

Destituidos (3.23): «Nunca nadie alcanzará por sí mismo las normas divinas de absoluta perfección moral para merecer la gloria de Dios. Por lo tanto, si va a haber alguna salvación, debe venir por otra vía (véase v. 24)».[1]

¿Advierte cuándo podemos relacionarnos debidamente con Dios? ¿Debemos antes limpiar nuestras vidas? No. ¿Debemos asistir con más regularidad a la iglesia u ofrendar más? No. ¿Tenemos que pedir perdón a todos los que alguna vez hemos ofendido? No. Nuestra situación delante de Dios cambia en el momento mismo en que confiamos en Jesucristo. El simple acto de fe transforma nuestra rebeldía en justicia, de enemigos de Dios en hijos de Dios, de personas condenadas a personas absueltas.

EL CENTRO ES CRISTO

¿Sobre qué base hace Dios esto por nosotros? La respuesta está centrada en Jesucristo, pero se resume en cuatro palabras cruciales.

RIQUEZA LITERARIA

Justificados (3.24): El acto divino por el cual los pecadores son declarados justos, no hechos justos.[2]
Gracia (3.24): Véase la definición en la p. 31.
Redención (3.24): Es la libertad asegurada mediante el pago de un precio o rescate.[3]

Propiciación (3.25): La respuesta satisfactoria obtenida mediante la ofrenda de un sacrificio, que elimina la ira y el juicio de Dios.

Teniendo en mente estas definiciones, vuelva a Romanos 3, comience con el versículo 24 y conteste las siguientes preguntas:

¿Quién nos justifica? (v. 24)

¿Cuál es la base y el medio de la justificación? (v. 24)

¿Cuál es el papel de Jesucristo en todo esto? (vv. 24,25)

 ## INFORMACIÓN ADICIONAL

El tema del derramamiento de la sangre de Cristo en nuestro beneficio es un tema central en el Nuevo Testamento. Sus raíces llegan hasta Génesis 3.21, donde Dios derramó la primera sangre de un animal inocente para vestir a Adán y Eva después que pecaron contra Él.

Vea cuántos acontecimientos del Antiguo Testamento puede recordar donde se relata el derramamiento de sangre inocente para subsanar la falta cometida por alguien. Si no está familiarizado con el Antiguo Testamento, puede consultar un diccionario bíblico o una enciclopedia bíblica y buscar allí los artículos sobre los términos sangre, expiación, sacrificios y la muerte de Cristo.

Luego, enriquecido por todo estos antecedentes informativos, lea Isaías 53, Hebreos 9 y 10, y 1 Pedro 1.17-19 para analizar más a fondo cuán preciosa es la sangre derramada por Jesús y lo que ella ha logrado para nosotros.

¿Por qué la Divinidad decidió justificarnos de esta manera? (vv. 25,26)

Teniendo en cuenta lo que ha estudiado hasta aquí, ¿estaría o no de acuerdo con la idea de que la justificación significa que «Dios me acepta como si yo nunca hubiera pecado»? Fundamente su respuesta remitiéndose en especial a Romanos 3.9-26.

UNA ACTITUD FATAL

Hasta aquí, todo el énfasis del argumento de Pablo alcanza su clímax en Romanos 3.27-31.

¿Recuerda lo que hizo la gente para rechazar a Dios y de qué manera esto los afectó? Con profunda ingratitud, dieron la espalda a Dios y se fueron arrogantemente por su propio camino (1.21-32). Aun los judíos religiosos, que gozaban de todos los beneficios de ser un pueblo elegido por Dios, se volvieron soberbios por la posición que ocupaban y eso los alejó de Aquel a quien declaraban adorar, a la vez que influyó sobre otros para que se mantuvieran apartados del verdadero Señor (2.17-24). Por lo tanto, ¿qué tiene que ver la justificación por fe con todo esto? La respuesta se encuentra en 3.27-31.

¿Puede la justificación por fe estimular una actitud arrogante, como si se dijera: «Lo he logrado, soy un privilegiado, me he abierto el camino por mis propios méritos»? ¿Puede hacerlo? (vv. 27,28) Explique su respuesta.

¿Quién es el que justifica, y quién puede ser justificado? (vv. 29,30) ¿Da esto lugar para la jactancia?

¿Qué piensa acerca de lo que Pablo quiso expresar cuando dice que la fe confirma la Ley, que no la invalida, ni la vuelve vacía, inútil ni carente de significado? (v. 31)

 FE VIVA

La soberbia es algo insidioso. Infecta todo lo que toca. Se filtra en el torrente sanguíneo de la gratitud, del reconocimiento, de la eficiencia, de la posición social o religiosa, y luego contamina lentamente la humildad, inyectando en su lugar fuertes dosis de arrogancia, hasta que sus víctimas empiezan a creer que son mejores que otros, y que por lo tanto merecen consideración especial.

Esta enfermedad resulta particularmente mortífera cuando se manifiesta en los cristianos. Indispone a los creyentes unos contra otros, destruyendo la unidad de la iglesia. Hace que los incrédulos se alejen de Dios escandalizados, por cuanto ven que se pone de manifiesto en los cristianos lo que incluso ellos mismos reconocen como rivalidades mezquinas, prioridades equivocadas, traiciones y soberbia hueca.

¿Ha afectado esta enfermedad a su grupo de compañerismo? ¿A sus amigos o seres queridos? ¿A usted mismo? Si lo ha invadido a usted, es probable que le resulte difícil reconocerla porque se considera demasiado bueno, o demasiado espiritual, o demasiado íntegro como para tener semejante problema. Por cierto que esa es precisamente una de las señales que delatan la arrogancia. Algunas de las demás son una actitud condescendiente, en toda forma de prejuicios (religiosos, doctrinales, raciales, nacionales, cívicos, económicos, etc.), dificultad para expresar una genuina gratitud hacia otros, o para pedirles ayuda cuando la necesita, una tendencia a hacer saber a todos lo que usted ha logrado, un deseo de estar siempre en el centro de las miradas porque cree que lo merece, y una actitud de regateo para con Dios y para con lo que Él hace por usted. ¿Muestra alguna de estas características?

Quizás necesite pedirle a alguna persona cercana, alguien que pueda ser en realidad sincero con usted, que le ayude a diagnosticar su situación. Sugerencia: Nadie se libra por completo de esta enfermedad, y cuanto antes se la detecta y erradica, tanto mejor. Por lo tanto, no trate esta cuestión livianamente.

Una vez que sepa el nivel al que haya llegado su enfermedad, acuda al Señor en busca de perdón y transformación. Además, recuerde que nunca podrá hacer un diagnóstico acertado de otras personas que la padezcan a menos que se haya ocupado seriamente de ella en su propia persona. La médula de la hipocresía es la arrogancia. El evangelio de la justificación por fe elimina el sustento de la hipocresía.

UNA ANTIGUA VERDAD QUE TODAVÍA DA NUEVA VIDA

Pablo dedicó el capítulo 4 de Romanos a los judíos religiosos que confiaban en la circuncisión para su salvación y sostenían que él predicaba una nueva doctrina, una nueva manera de llegar a Dios que en realidad era un callejón sin salida. Pero no piense que este pasaje de las Escrituras se aplica sólo a los judíos. Se aplica a cualquiera que piense que la enseñanza del Antiguo Testamento acerca de la salvación es cualquier cosa menos la justificación por fe. Hay un solo modo de alcanzar la debida relación con el Señor de todo lo creado, y ese modo es el de la fe aparte de las obras. Dios nunca ha enseñado otra cosa. ¡Nunca!

 ## ENTRE BASTIDORES

Romanos 4 resonará con mucho más volumen si en primer lugar consideramos alguna información previa. Pablo pone como ancla del concepto de la justificación por fe la vida y las palabras de dos de los santos más destacados del Antiguo Testamento: Abraham y David. Abraham es una figura clave porque Dios lo seleccionó para ser el centro de su promesa de bendecir a todas las naciones de la tierra (Gn 12.1-3; 15.5,6). Esta bendición se refiere a la redención de la humanidad por medio de la fe, y a la recuperación de la capacidad y el derecho de ejercer dominio sobre la creación. Abraham «es el ejemplo escogido por Dios para revelar su plan de restaurar un día el reino divino en toda la tierra a través del pueblo del pacto».[4] Abraham es el prototipo de *padre* de la fe. David, por su parte, es el prototipo de *gobernante* de la fe. Como descendiente de Abraham, David fue elegido por Dios para reinar sobre todo Israel. Dios le prometió que su trono permanecería para siempre a través del gobierno de un futuro rey que sería el propio Hijo de Dios (2 S 7.1-17).

Ahora bien, si Abraham y David aceptaron la doctrina de

la justificación por fe, si esa fue también la forma en que alcanzaron una relación correcta con el Señor, ¿qué nos hace pensar que nosotros podemos llegar a Dios de otra manera?

Veamos cómo desarrolla Pablo su pensamiento. Empieza con Abraham.

¿Cuál es la pregunta que se propone contestar Pablo? (4.1)

¿Cuál es la diferencia entre la fe y las obras? (vv. 2-5)

¿Qué condujo a la justificación de Abraham? (v. 3; véase también Gn 15.1-6)

 RIQUEZA LITERARIA

Contado (4.3): Acreditar algo a la cuenta de alguien. En el caso de Abraham y de cualquier otra persona que cree en Dios por fe, el Señor le acredita la justicia en su libro de cuentas espiritual.

Atribuye (4.6): Esta es la misma palabra griega que se traduce *contado* en 4.3, y tiene el mismo significado en ambos versículos.

En Romanos 4.7,8 Pablo cita las palabras de David del Salmo 32.1,2. ¿Cómo se enfoca en ellos la provisión del fruto de la justificación por fe?

¿Qué papel, si es que lo hay, jugaba la circuncisión en la justificación de Abraham? (vv. 9-12) ¿Qué importancia tiene su respuesta para el argumento de Pablo? ¿Y para la esfera de acción de nuestros esfuerzos misioneros y evangelísticos?

¿Por qué no se puede alcanzar la justificación por medio de la Ley en lugar de la fe? (vv. 13-16)

¿En quién creyó Abraham, y qué dice Pablo acerca de Él? (v. 17)

¿Qué promesa le hizo Dios a Abraham, y por qué era tan difícil creer en ella según la experiencia humana? (vv. 18,20)

¿Qué impulsó a Abraham a dar ese paso de confianza en lugar de mostrar incredulidad? (v. 21)

FE VIVA

¿Confía en las promesas de Dios como lo hizo Abraham? ¿Cree lo mismo que Abraham acerca de la capacidad de Dios para llevar a cabo lo que prometía? Si no, sea franco con el Señor al respecto. No se retraiga. Él puede entenderlo. Luego pídale que lo ayude a vencer sus dudas o su enojo, o lo que le impida confiar realmente en Él. Dios quiere que usted confíe en Él, por eso aférrese a Él y a su Palabra y vea Sus maravillosas obras en su vida.

¿Qué importancia tiene la historia de Abraham para las generaciones futuras, incluidos nosotros? (vv. 23-25)

 INFORMACIÓN ADICIONAL

En la elaboración de su pensamiento en defensa de la justificación por la fe, Pablo da por sentado que sus lectores saben quién era Abraham y qué había hecho. Si usted no conoce su historia, sería oportuno que se familiarizara con ella. Puede leer acerca de él en Génesis 11.27—25.11.

Si explora estos versículos, preste especial atención a los pasajes que hablan de la promesa que Dios hizo, cómo respondió Abraham, cómo y cuándo se cumplió la promesa, y cuándo por fin Abraham fue circuncidado. Descubrirá que el uso que le da Pablo al caso de Abraham hace incontestable que se separe la circuncisión de la justificación por la fe.

 FE VIVA

En otro lugar Pablo escribió: «Toda la Escritura *es* inspirada por Dios, y útil para enseñar, para redargüir, para corregir, para instruir en justicia, a fin de que el hombre de Dios sea perfecto, enteramente preparado para toda buena obra» (2 Ti 3.16,17). Cuando escribió estas palabras, el Nuevo Testamento no se había completado aún, de modo que esencialmente la Escritura que Pablo tenía en mente era la del Antiguo Testamento. Toda, dijo, y no sólo parte de ella, es provechosa para nosotros. Cuando la leemos, la estudiamos, meditamos, oramos por medio de ella, la aplicamos, la damos a conocer, estamos realizando una inversión en nuestras vidas y en las vidas de otros tan increíble que perdurará hasta la eternidad (cf. Mt 6.19-21). Basta considerar los beneficios que obtuvo Pablo a partir de los relatos de Abraham y David en el Antiguo Testamento: la preciosa y el tesoro de la doctrina de la justificación por fe, de la que pueden beneficiarse todas las personas, si tan solo confían en Cristo para su salvación.

¿Ha estado pasando por alto el Antiguo Testamento? ¿Piensa que es inaplicable, o que el Nuevo Testamento lo invalida? No pierda nada de lo que Dios quiere darle. Comprométase hoy a equilibrar su tiempo de estudio entre el Antiguo y el Nuevo Testamentos. Quizás esto signifique leer un capítulo de cada uno por día, o tal vez, mientras estudie el libro de Romanos, puede decidir dedicar un tiempo adicional a buscar las referencias que se dan allí al Antiguo Testamento, reflexionando sobre ellas más tiempo de lo que de otro modo haría. Cualquier enfoque que siga, hágalo realista y luego manténgalo, llenando su tiempo de estudio con oración para que el Espíritu Santo le enseñe, lo oriente y fortalezca su alma en la verdad absoluta y eterna.

Lección 6 / Cuando la muerte / da vida (5.1-21)

¿Ha notado alguna vez cómo al cristianismo le gusta lo paradójico? Por *paradoja* no me refiero a contradicciones lógicas: «círculos cuadrados», «solteros casados», «varillas con un solo extremo», «dos objetos totalmente idénticos». Las contradicciones no tienen sentido y jamás llegarán a ser verdaderas. Sostienen que una premisa es verdadera (digamos, que Dios siempre dice la verdad) y la opuesta también es verdadera (Dios nunca dice la verdad) al mismo tiempo y en el mismo sentido, lo cual es imposible. Lo que hacen con la cabeza lo desbaratan con los pies, dejándonos sin nada.

En cambio, las paradojas están repletas de significado aunque trastornan nuestra manera habitual de razonar. Nos enfrentan con verdades que parecen imposibles, pero a medida que reflexionamos en ellas y las exploramos descubrimos que son ciertas, que nos ofrecen una percepción de la realidad que nunca antes habíamos tenido. En consecuencia, tienden a transformar nuestra perspectiva, y al hacerlo, con frecuencia modifican nuestras motivaciones y el modo en que nos comportamos.

Considere, por ejemplo, la idea bíblica de que el mejor liderazgo es el que sirve a otros sacrificadamente (Lc 22.24-30; Ef 5.21-33; 6.5-9). Usted no lo consideraría cierto, teniendo en cuenta la manera en que muchos empleadores tratan a sus empleados, o la manera en que los políticos controlan con frecuencia el poder, o la forma en que demasiados esposos tratan con aspereza a sus esposas. «La razón de la fuerza» es un axioma en gran parte del mundo. Pero el cristianismo está en desacuerdo. Nosotros vemos la realidad desde otra perspectiva. Cristo declara, acertadamente, que las personas estarán más dispuestas a seguir a un líder que coloca las necesidades de sus seguidores por encima de las propias. ¿Con quién preferiría trabajar usted: con un jefe que lo intimida para que produzca, o con uno que lo estimula y le da la posibilidad de cumplir su tarea?

Consideremos también la paradoja de la perspectiva cristiana sobre la riqueza. ¿Cómo se obtienen las posesiones materiales? Según la perspectiva del mundo, usted debe guardar lo que gana y lograr que se multiplique por cualquier medio que aumente sus posesiones de la manera más rápida y fácil posible. Finalmente, llegará a ser rico y poderoso, podrá hacer todo lo que quiera, cuando quiera, con quien quiera. El cristianismo desdeña esta idea. Según el punto de vista cristiano, esta manera de obtener riquezas sólo crea una felicidad temporal y en cambio genera constante temor. Lo que ya se posee no se puede disfrutar a plenitud porque siempre se tiene el temor a perderlo de alguna forma. De modo que lo que el cristianismo dice concretamente es: «No te aferres a tus posesiones, mantente firme para usarlas en casos de necesidad y al hacerlo tendrás riquezas en el cielo, donde no disminuirán y nadie las podrá arrebatar jamás, donde las podrá disfrutar por toda la eternidad» (véase Mt 6.19-21; Lc 12.13-34; 1 Ti 6.17-19).

Romanos 5 nos presenta una paradoja similar a estas. Nos habla acerca de un hecho que ninguno de nosotros quiere hablar: la muerte. En nuestra sociedad hacemos todo lo posible para eludir el tema, o para reducir el poder que tiene para atemorizarnos. Contratamos al director de pompas fúnebres para que se encargue de todos los detalles. Vestimos y arreglamos a nuestros seres queridos fallecidos para que no parezcan muertos. A menudo enterramos a nuestros muertos sin siquiera mirarlos, manteniendo el féretro cerrado. Incluso, cubrimos el acontecimiento de flores. Usamos eufemismos para hablar de la muerte: *pasar a mejor vida, ir al descanso eterno, ir a la morada eterna*. Pero una vez más el cristianismo ve las cosas diferentes. Sí, la muerte es nuestra enemiga. No fuimos creados para experimentar la muerte, por supuesto que no. Pero la muerte no sólo es nuestra enemiga, no sólo una extraña que debemos enfrentar... es también generadora de vida.

¡¿Cómo?! ¿Cómo puede ser? ¡Qué idea atroz! ¿Será realidad? ¿Acaso no podría ser cierto? ¿Podría la muerte, de alguna manera, de algún modo, traernos vida? Romanos 5 responde a esta pregunta con un contundente: «Sí». Veamos cómo es posible esto. Si es cierto, modificará nuestra manera de vivir; incluso modificará nuestra manera de enfrentar la muerte.

FIJEMOS EL RUMBO

Antes de analizar este pasaje que se caracteriza por una estricta lógica y un profundo sentido práctico, necesitamos hacer una revisión global del mismo. Una manera de hacerlo consiste en tomar nota de las palabras que se repiten; estas nos permiten identificar muchos de los temas principales del capítulo. Por consiguiente, en el siguiente espacio haga una lista de las palabras que aparecen en forma reiterada (pase por alto los artículos como *un, una, el, la* y sus plurales, el verbo *ser* y las conjunciones tales como *y, pero, para*). Compruebe cuántas veces se usan y en qué versículos aparecen.

PALABRAS REPETIDAS	VERSÍCULOS/VECES

Ahora lea de nuevo Romanos 5, pero esta vez tome nota de las ocasiones en que aparecen las siguientes palabras: *pues, porque, apenas, mas, sino, por tanto, como, para que, así.* Dichas palabras indican puntos clave de transición que conectan lo que precede con lo que sigue. Busque cada caso (abajo aparecen ejemplos) y procure sintetizar los pensamientos que preceden a las conjunciones y las que siguen.

CONJUNCIONES	PENSAMIENTO PRECEDENTE	PENSAMIENTO SIGUIENTE
Pues 5.13		
5.17		
Que 5.8		
5.14		
Porque 5.10		
5.16		
Apenas 5.7		
Mas 5.8		
5.20		
Sino 5.3		
5.11		
Por tanto 5.12		
Como 5.15		
5.19		

Conjunciones	Pensamiento precedente	Pensamiento siguiente
Para que 5.20		
5.21		
Así 5.12		
5.21		

Quizás habrá notado que Pablo va hacia atrás y hacia delante en torno al tema de las bendiciones de la justificación y a la necesidad de la justificación. Vamos a considerar cada uno de estos aspectos con más detenimiento.

LAS BENDICIONES DE LA JUSTIFICACIÓN

Pablo escribe: «Justificados, pues, por la fe, tenemos[...]» (5.1). ¿Advirtió que las palabras del apóstol nos dicen que el acto de justificación es un hecho pasado? No dice: «En tanto continúen siendo justificados», sino: «Ahora que ya han sido justificados». Una vez que depositamos nuestra confianza en Jesucristo, Dios declara que ya estamos en la relación correcta con Él. La cuestión legal de la justificación está resuelta, terminada, totalmente lograda. Hemos sido declarados justos, nuestros pecados han sido perdonados. Lo que procede ahora es hacernos justos, es decir, lograr que nuestra vida concuerde con la condición que nos ha sido conferida ante Dios. Esa es la función de la santificación, que analizaremos más adelante en Romanos.

Pero por ahora, Pablo quiere mostrarnos lo que nos brinda la justificación. No sólo corrige nuestra relación con Dios; hay por lo menos otras diez bendiciones que también emanan de ella. Procure identificarlas en los siguientes versículos de Romanos 5.

VERSÍCULOS	BENDICIONES
1	1.
2	2.
	3.
3,4	4.
	a.
	b.
	c.
5	5.
	6.
9,10	7.
11	8.
	9.
17,21	10.

Consideremos con más detenimiento varias palabras clave que le ayudarán a entender mejor de qué se tratan estas bendiciones.

 RIQUEZA LITERARIA

Paz (v. 1): La justificación por fe cruza las encrespadas aguas de la enemistad entre nosotros y Dios, tendiendo un puente de comunión restaurada y serenando las aguas.

Nos gloriamos (v. 2): Nos alegramos de, nos jactamos de, rebozamos de gozo.

Esperanza (vv. 2,4,5): Confiada expectativa.[1]

Gloria de Dios (v. 2): Es la «manifestación externa de la naturaleza interna [de Dios]»,[2] así como los rayos de luz indican la presencia y el poder de la fuente que los genera, el sol.

Tribulación (v. 3): Presiones, angustias, pruebas, sufrimientos.

Paciencia (vv. 3,4): Soportar con perseverancia.

Prueba (v. 4): Es lo que redunda en el fortalecimiento del carácter.

Amor (v. 5): Esta palabra es la traducción del término griego *ágape,* que significa «una invencible benevolencia y una irreductible buena voluntad, que siempre busca el bien de la otra persona, no importa lo que ésta haga. Es el amor sacrificial que da libremente sin pedir nada a cambio y [este] no se para a considerar el valor de su objeto».[3]

Reconciliados (v. 10): Por medio de la costosa sangre de Cristo derramada en la cruz, Dios abrió el camino para que volviéramos a Él y nos deleitáramos en la plenitud de su incondicional amor y aceptación. Hizo todo esto aun cuando estábamos en guerra con Él, en rebeldía, agitando nuestros puños contra nuestra única esperanza de felicidad.

 ## FE VIVA

Qué asombroso despliegue de dones nos ha dado el Señor. Y esta es sólo una lista parcial de la increíble herencia que es nuestra en Cristo. ¿Se ha detenido alguna vez a considerar la abundante riqueza que es nuestra en el Salvador? Tómese tiempo para hacerlo ahora, y para agradecerle por su pródiga bondad.

En este momento analicemos los distintos aspectos de estos versículos, para obtener una perspectiva clara de lo que Pablo trata de decir y aplicar algunas verdades importantes.

¿Por medio de quién alcanzamos paz con Dios? (v. 1)

¿Qué más podemos encontrar por medio de esta Persona, y cómo podemos obtenerlo? (v. 2)

¿Quién encarna la «gloria de Dios»? (Jn 1.14,18; Heb 1.2,3)

¿Cuándo tendremos posibilidad de ver a esta Persona en toda su gloria? (Mt 16.27; 24.30,31; Col 3.4; Tit 2.13)

FE VIVA

¿Ha meditado alguna vez en la Segunda Venida de Jesucristo? ¿Es un acontecimiento que ve por adelantado? ¿O es algo que teme? ¿Lo ignora quizás? Dedique un tiempo para reflexionar sobre el regreso de Jesús, el Hijo eterno de Dios y examine su actitud con relación a su venida. Aunque ningún ser humano puede saber con exactitud el momento, el día, el mes o el año de su regreso (Mt 24.36; Hch 1.6,7), podemos descansar en la seguridad de que Jesús volverá en gloria, para glorificar a sus hijos y castigar a los hijos de iniquidad.

¿Significa la expresión «nos gloriamos en las tribulaciones» que debemos alabar a Dios porque sufrimos, o por lo que ese sufrimiento puede producir en nuestras vidas? Fundamente su respuesta mediante el pasaje de Romanos 5.3-5.

FE VIVA

¿Cuál es su reacción ante el sufrimiento? ¿Puede recordar alguna ocasión en la que estaba pasando por una prueba y pudo gloriarse por ello? ¿O quizás no alabó a Dios mientras pasaba por tiempos difíciles, pero lo hizo después? Sin tener en cuenta cuándo haya sido el momento en que se volvió a Dios con un corazón agradecido, ¿qué motivó sus alabanzas? ¿Por qué finalmente sintió en su corazón la decisión de honrar al Señor, aun en el sufrimiento?

¿Por qué puede ser tan segura y satisfactoria nuestra esperanza? (v. 5)

¿Qué le sugiere la frase «a su tiempo» (v. 6) acerca de la soberanía de Dios, el gobierno del mundo?

¿Qué prueba da Pablo del amor de Dios para con nosotros? ¿Cómo sabemos que en realidad Él se preocupa por nosotros en forma incondicional? (vv. 6.-10)

 FE VIVA

¿Está ocurriendo algo ahora mismo en su vida en lo cual necesita reconocer la obra de la mano soberana y amorosa de Dios? Pídale que se le revele, que le muestre de alguna forma tangible que Él está a su lado y que mantiene el control de sus circunstancias para su verdadero bien. No le indique cómo debe revelarle la manera en que se ocupa de usted. Déjelo elegir el método y el momento. Usted siga creyendo fielmente que Él está actuando, y siga esperando con atención para ver las señales de su cuidado. Recuerde que Él es un Dios de sorpresas, de modo que no se sorprenda cuando responda a sus oraciones de una manera inesperada, o en un momento inusual.

Según los versículos 9 y 10, ¿qué ha hecho Cristo por nosotros mediante su muerte, y qué ha hecho por medio de su vida (su resurrección de los muertos)?

¿Cómo deberíamos responder a esta increíble demostración de amor y gracia divinos? (v. 11)

FE VIVA

Es fácil amar a quien nos responde con amor. Pero, ¿qué de amar a alguien que nos defrauda, desafía nuestras normas de conducta, nos denigra, traiciona nuestra lealtad, se aprovecha de nuestra generosidad, nos miente, nos roba el crédito que merecemos y hasta predispone a otros en contra nuestra? ¿Podría amar a alguien así? ¿Llegaría a sacrificar su vida por esa persona? El Hijo de Dios lo hizo, en representación del Dios trino. Padre, Hijo y Espíritu Santo, amándonos de infinitamente y en unidad, de forma voluntaria llevaron adelante un monumental plan para salvarnos, seres humanos rebeldes, de nuestro camino de autodestrucción. Nadie puede forzar a la deidad a hacer algo que no está dispuesta a hacer. Tampoco merecíamos esta expresión incondicional y sacrificada de amor. ¡Lo menospreciamos con todo lo que Dios nos había dado! A pesar de ello, el Amor salió al encuentro de nuestra necesidad, abrió ampliamente sus inocentes brazos en la tosca cruz y abrazó nuestro castigo para que pudiéramos disfrutar de eterno perdón y gloria infinita como ciudadanos redimidos y restaurados de su maravilloso Reino.

¿Quién dice que los cuentos de hadas no se hacen realidad? Ninguno de ellos mejor que ese, porque ese no es un cuento; es un hecho, arraigado en la historia y confirmado en nuestros corazones.

No espere ni un momento más. Vuelva sus ojos al cielo; y en respuesta a ese extraordinario acto de infinito Amor, gloríese «en Dios por el Señor nuestro Jesucristo[...] por el Espíritu Santo que nos fue dado» (vv. 11,5).

EL DON DE LA MUERTE

Ahora llegamos al corazón del capítulo 5 de Romanos, quizás el centro mismo de toda la epístola de Romanos. Pablo sintetiza en diez versículos (vv. 12-21) la historia de la redención, desde el acontecimiento que se hizo por necesidad, hasta el de su cúspide. Para esto compara al primer Adán que precipitó la caída de toda la raza humana, con el segundo Adán que hizo posible que todos los seres humanos disfrutaran de la vida eterna con Dios, si responden al Señor por fe. El primer Adán introdujo la muerte por causa de su vida; el segundo Adán introdujo la vida por medio de su muerte. Esa es la tremenda paradoja y la esencia de Romanos 5.

ENTRE BASTIDORES

Esta sección de Romanos 5 se elabora en base al relato de la caída en Génesis 3. A partir de los dos primeros capítulos de Génesis, aprendemos que Dios creó a Adán y a Eva y los colocó en un hermoso lugar donde tenían control de todo su medio y disfrutaban de una íntima y armoniosa relación entre sí y con su Creador. Para que esta situación se mantuviera así, todo lo que Adán y Eva tenían que hacer era obedecer el mandamiento de Dios de no comer del árbol prohibido, transgresión que los arrastraría a la muerte (Gn 2.17).

Pues bien, sucedió que cedieron a la tentación, y de inmediato comenzaron a experimentar las mortales consecuencias de su desobediencia. Se perdió la abierta relación que tenían con Dios y entre sí; ahora se escondían del Señor y de los demás, tratando de echarle la culpa a cualquiera menos a ellos mismos (3.7,8). Adán y Eva también perdieron el control sobre la creación. Lo que había estado sujeto a su gobierno se convirtió en fuente de conflicto y arduo trabajo (vv. 17-19). Se vieron expulsados del Paraíso, privados de su condición natural de inmortalidad y destinados a morir físicamente en un mundo hostil que, en lo adelante, estaría habitado por personas afectadas por la peor enfermedad de la que el ser humano jamás haya tenido conocimiento (vv. 16-24).

¿Cuál era esa enfermedad? El pecado. Es un mal que infecta a todo ser humano desde el momento mismo de su concepción, y lleva invariablemente a la muerte. Produce la alienación de Dios, de uno mismo, de otros, de la creación, de la vida física y, si actuamos descuidadamente, de la vida espiritual también. Hay una sola cura para este mal. Cualquier otro recurso no es más que una venda. El verdadero remedio lo encontramos en Romanos 5.12-21.

CONOZCA LA FAMILIA DE ADÁN

Con esta previa información adicional, lea ahora Romanos 5.12-21 y complete el cuadro a continuación. La columna de la izquierda se refiere al primer Adán, el que desobedeció a su Creador en Génesis 3. La de la derecha se refiere al Segundo Adán, Aquel que nunca desobedeció a su Padre celestial. Observe las semejanzas y diferencias. Quizás descubra algunas cosas realmente sorprendentes.

EL PRIMER ADÁN   EL SEGUNDO ADÁN

Semejanzas

Diferencias

Consideremos estos versículos con más detenimiento, a la luz de algunos de los descubrimientos que anotó en el cuadro anterior. Puede volver a revisar los versículos del 12 al 21 mientras responde las siguientes preguntas.

¿Observó que Pablo se refiere a Adán y a Jesús como seres humanos? ¿Qué hizo Jesús como hombre que no hizo Adán? ¿Cuáles fueron las consecuencias de las acciones de Jesús a diferencia de las de Adán?

 ## INFORMACIÓN ADICIONAL

Pablo se refiere a Adán como «tipo» de Cristo. Este término se refiere a «forma, figura, modelo, ejemplo». Cuando encontramos tipos en las Escrituras, se trata de personas, acontecimientos, cosas o instituciones que prefiguran o anticipan personas, acontecimientos, cosas o instituciones futuros en el plan de Dios. Los tipos, entonces, equivalen a profecías, pronósticos. No sólo describen a alguien o algo que ya ha cumplido un papel en la historia, sino a alguien o algo que *todavía ha de* representar un papel en la historia. En Romanos 5 Pablo usa a Adán como una prefiguración de Jesucristo.

En cierta manera, Adán y sus acciones anticipan verdades evidentes acerca de Jesucristo. Pero esas verdades, como Pablo las emplea, son negativas en el caso de Adán, pero positivas en el caso de Jesús. En otras palabras, Adán es un tipo de Cristo porque no cumplió en un ambiente perfecto, lo que Jesús cumplió con éxito en un ambiente plagado de pecado. De modo que más que compararlos, Pablo contrasta a Adán y a Jesús.

Durante los siglos de estudios bíblicos, se han encontrado muchos otros tipos. Abajo encontrará una lista de pasajes paralelos de las Escrituras en los que se mencionan a algunos de los tipos que se han identificado. Podría buscarlos usted mismo y cosechar por su cuenta la riqueza que contienen.

TIPO EN EL AT	CUMPLIMIENTO EN EL NT
Génesis 7; 8	1 Pedro 3.20,21
Génesis 15.1-6	Romanos 4.16-25
Éxodo 20.8-11	Hebreos 4.3-10
Levítico 17.11	1 Pedro 1.18,19
Números 12.7	Hebreos 3.1-6
Números 21.4-9	Juan 3.14,15
Jonás 1; 2	Mateo 12.39,40

Por supuesto, hay muchos otros tipos en las Escrituras. Si quiere descubrirlos y aprender cómo debe buscarlos e interpretarlos, le sugiero que consulte obras sobre interpretación bíblica o sobre profecía.

Dando por sentado que tanto Adán como Jesús eran seres humanos reales, ¿dice algo Pablo en Romanos 5.12-22 que indique que Jesús era algo más que un ser humano?

¿Qué dice Pablo en esta sección de Romanos acerca de la Ley? ¿Qué papel cumplía en relación con el pecado y la redención? (vv. 13,20,21)

¿Qué fue lo que contrarrestó los efectos de la Ley? (v. 20) Puesto que la Ley y el evangelio tienen la misma fuente, el Señor, ¿qué le dice acerca de Dios la respuesta que acaba de dar? ¿En qué debería modificar, si fuera preciso, la manera en que responde a Dios como consecuencia de este descubrimiento?

 FE VIVA

Ahora que ha llegado al final de este capítulo, dedique un tiempo para revisar las verdades que han salido a la luz y luego reflexione sobre la forma de incorporarlas a su vida en el curso de la semana. Si necesita orientación, trate de relacionar sus descubrimientos completando las frases que aparecen a continuación. Le ayudarán a aplicar de manera más concreta lo que ha aprendido.

«Algunas verdades que he descubierto en este capítulo y que quiero que formen parte de mi vida diaria son»:

«Esta semana comenzaré a aplicar esas verdades a las siguientes áreas de mi vida en esta forma»:

Mi relación con Dios:

Mis relaciones con mis seres queridos:

Mi propio desarrollo, incluyendo mi autoimagen:

Mi testimonio hacia los incrédulos:

Mi compañerismo con los creyentes:

Mi actitud hacia las posesiones materiales y los deseos:

Mi perspectiva y actitud hacia la muerte:

Lección 7 / ¡Libre al fin!
(6.1—7.25)

Muchas personas se van de su tierra natal en su busca, a veces dejando amistades y familiares. Otros por buscarla toman nuevos rumbos, enfrentando los peligros desconocidos. Muchos, tan solo por probarla, luchan contra adicciones demoníacas como las drogas, el alcohol, la comida, el trabajo excesivo, el tabaco, el perfeccionismo, la pornografía. Cada vez más son los que mueren por defenderla en su propia tierra o en suelo extranjero. Cada vez son más los que intentan hallarla en la independencia económica. Y son incontables los que se han adherido a todo tipo de religión imaginable en su afán de experimentarla.

Se levantan monumentos en su honor. Se encargan cuadros y obras musicales para celebrarla. Se preparan ejércitos para luchar por ella. Las escuelas enseñan a los alumnos a respetarla. Se producen revueltas y los manifestantes hacen marchas para expresar la frustración cuando no la consiguen. Grupos de apoyo se reúnen para descubrirla y afianzarla. Los líderes religiosos y sus seguidores oran por ella.

Las naciones se levantan y caen... las ideologías políticas aparecen y desaparecen... los líderes religiosos surgen y desaparecen... las familias se unen y se dividen... los negocios florecen y se van a la bancarrota... todo por ella.

¿Qué cosa puede ser tan intensamente valorada y honrada? ¡La libertad!

Todos queremos tenerla, aun cuando al mismo tiempo la tememos. Fuimos creados para disfrutarla, para no conformarnos con menos. Pero allá lejos, en los comienzos de la historia, la perdimos. La libertad que habíamos conocido bajo Dios se redujo a un sueño rodeado de una pesadilla. La habilidad que Dios nos dio para satisfacer los anhelos de nuestro corazón de manera que siempre fueran agradables a nuestro Creador, se distorsionó, se deformó, se torció. Aunque todavía deseábamos gozar de libertad, seguíamos buscándola de manera equivocada. Así fue que nos volvimos esclavos; esclavos sometidos a deseos que nos alejaban más y más de Dios, de Aquel que amorosamente nos creó libres para servirle a Él. Los rastros de aquel sueño original todavía rondan a nuestro alrededor; en lo profundo de nuestra alma todavía anhelamos poseerla. Por eso seguimos tratando de hacer realidad ese sueño. Pero nunca podremos hallarla fuera de Dios.

Pablo reconoce estos hechos, y hasta ahora, en Romanos, ha venido señalando el camino para recuperar nuestra libertad. Pero es en este pasaje, en Romanos 6.1-7.25, donde nuestro guía nos lleva al centro mismo de aquello a lo cual nos ha venido conduciendo. Aquí nos grita: «¡He aquí la verdadera libertad! Escuchen atentamente». Hagamos sólo eso.

MUERTOS PARA VIVIR

La verdadera libertad tiene sus detractores, los que creen que si a las personas se les da demasiada vía libre, se irán siempre a los extremos y caerán en la inmoralidad. Pablo se adelanta a esa reacción, al comienzo mismo de Romanos 6, e imagina a un crítico en el auditorio, listo para atacarlo por lo que ha escrito en los últimos versículos del capítulo 5: «Pero la ley se introdujo para que el pecado abundase; mas cuando el pecado abundó, sobreabundó la gracia; para que así como el pecado reinó para muerte, así también la gracia reine por la justicia para vida eterna mediante Jesucristo, Señor nuestro» (vv. 20,21). El opositor se levanta en contra de Pablo y trata de tenderle una trampa. ¿Cuál es el problema que según él podría socavar el argumento de Pablo? (6.1) Intente expresarlo con sus propias palabras.

Pablo comienza su respuesta con una negación y dos preguntas (vv. 2,3). Trate de parafrasear su respuesta.

Reflexionemos en todo esto por un momento. ¿Qué significa morir al pecado? ¿Significa que estamos muertos al pecado de la misma manera que un cadáver carece de respiración? Así como un cadáver es incapaz de aspirar aire, ¿son incapaces de pecar los cristianos? ¿El pasaje de Romanos 6.12-14 apoya o refuta esa interpretación?

Según Romanos 6 Pablo concibe la muerte como una separación o ruptura en una relación, más que la extinción del cuerpo, o el alma, o el yo. ¿Qué versículos en este capítulo indican este enfoque?

¿Qué diferencia existe en la respuesta de Pablo a su crítico imaginario su manera de concebir la muerte? ¿Nos da la posibilidad de seguir pecando aun si somos salvos? ¿Cabe aquí la alternativa de que elijamos renovar nuestra relación con el pecado aun cuando no debiéramos hacerlo?

Pablo también habla acerca de ser «bautizados en Cristo Jesús», de ser «bautizados en su muerte» (v. 3), de ser «sepultados juntamente con Él para muerte por el bautismo» (v. 4). ¿Qué cree que está expresando el apóstol con estas frases? ¿Se está refiriendo al bautismo en agua como el medio de identificación y unión con Cristo, o como el símbolo —la proclamación pública— de estas realidades? ¿O ambas? ¿O a otra completamente distinta? ¿Qué pasajes, especialmente en Romanos, podría citar para respaldar su respuesta? Sería útil consultar un diccionario bíblico o un comentario a fin de ayudarse a responder a estas preguntas.

¿Cómo es que nuestra unión con Cristo en su muerte nos separa del poder del pecado y nos trae libertad? (vv. 6,7)

        RIQUEZA LITERARIA

Nuestro viejo hombre (v. 6): «nuestra vida antes de la conversión, lo que éramos antes de ser cristianos bajo el dominio irrestricto de la carne».[1]

El cuerpo del pecado (v. 6): No se refiere solamente a nuestro cuerpo físico; incluye nuestras emociones, voluntad, mente y cuerpo, todo lo nuestro que se somete al poder del pecado.

Sea destruido (v. 6): Esto significa que el poder que el pecado tenía sobre nuestras vidas se ha hecho inoperante, derrotado, carece de poder, pero no significa que el poder del pecado se haya extinguido o esté totalmente destruido.

Con nuestra vida precristiana crucificada y cortado en nosotros el poder dominante del pecado, ¿qué hemos dejado de ser? ¿Y qué es lo que hemos llegado a ser, o llegaremos a ser algún día? Lea los versículos 2-10 con estas preguntas en mente y complete el cuadro a continuación con sus respuestas.

ANTES DE CRISTO	DESPUÉS DE CRISTO

¿Qué papel cumple la resurrección de Jesús en todo esto? ¿Qué nos asegura? (vv. 4,5,8-10)

VIVOS PARA MORIR

Hemos descubierto importantes verdades acerca de nuestra nueva vida en Cristo y acerca de cómo podemos saber que esas verdades son reales. Pero, ¿cómo pueden llegar a ser una realidad en nuestra vida diaria? Después de todo, todavía sucumbimos a la tentación. Todavía sentimos la seducción del pecado, aun cuando su poder ya no ejerce el mismo predominio que antes. ¿Cómo enfrentar este problema? Pablo nos lo dice en los versículos 11-23, indicándonos tres pasos que debemos dar para que experimentar nuestra nueva libertad. El primero empieza por algo que parece una palabra más bien anticuada: *Consideraos.*

PASO 1
En el versículo 11 la palabra *consideraos* es traducción de un verbo griego que significa «considerar en el sentido de tomar en cuenta». Y el tiempo verbal usado unido a su significado nos da la idea de «considerar o analizar continuamente, tomar siempre en cuenta». ¿Qué debemos seguir considerando siempre? Dos verdades: una positiva y otra negativa (v. 11):

La verdad negativa:

La verdad positiva:

¿En quién debemos considerar esas verdades? ¿En quién son válidas y efectivas?

¿Por qué cree que es significativo esto?

FE VIVA

Piense en lo que puede comenzar a hacer esta semana que le ayudará a considerar continuamente que está muerto al pecado y vivo para Dios en Cristo Jesús. ¿Qué ideas vienen a su mente? Comprométase hoy mismo a empezar a ponerlas en práctica.

PASO 2

En los versículos 12 al 14, Pablo nos indica el segundo paso que debemos dar para enfrentar el poder del pecado. Este paso incluye dos no y dos sí:

No

No

Sí

Sí

¿Qué significan estas afirmaciones y estas prohibiciones? Si no lo ha hecho antes, trate de expresarlas nuevamente abajo en sus propias palabras.

Lea de nuevo estos mandamientos. *¿A quién* se le dice que debe hacer o dejar de hacer algo? _____ ¿Qué le dice esto acerca de nuestras capacidades y responsabilidades en Cristo?

La esencia de este segundo paso se encuentra en la palabra griega traducida como *presentar*. En otras palabras, Pablo nos llama a someternos a Dios como personas que hemos resucitado de la condenación y el poder del pecado, para llegar a ser siervos de Él viviendo en rectitud. Ya no servimos al pecado; el pecado ha dejado de ser nuestro amo. Dios es nuestro nuevo amo, y nosotros somos sus siervos en virtud de nuestra identificación y unión con su Hijo mediante Su crucifixión, muerte, sepultura y resurrección. Y como siervos suyos, somos llamados a oponernos a las insinuaciones del pecado, contrarrestándolo con una vida piadosa.[2]

PASO 3

Al comenzar los versículos 15 al 23, el crítico imaginario de Pablo vuelve a adelantarse con otro planteamiento, intentando derribar la argumentación a favor de la gracia y la libertad del apóstol. La oposición se apoya en la afirmación de Pablo en el versículo 14 de que «el pecado no se enseñoreará de vosotros; pues no estáis bajo la ley, sino bajo la gracia». «¿Ah, sí?», se oye al crítico. «Si es así, ¿hemos de seguir pecando libremente de todos modos? Después de todo, donde no hay ley, no hay nada que restrinja, ¿verdad?» (v. 15).

Una vez más, Pablo responde con un rotundo: «No» (v. 15), y contraataca con una pregunta, seguida de una respuesta más larga. Su respuesta nos sugiere el tercer paso en nuestra lucha contra el poder del pecado en nuestra vida. Empieza por reconocer que tenemos que hacer una opción. ¿Cuál es esta opción? La respuesta se encuentra en el versículo 16.

Puesto que hemos cambiado de administración, ya no estamos bajo el dominio del pecado sino bajo el control de Dios, ¿qué debemos hacer? ¿Debemos servir al pecado, nuestro viejo amo, o debemos servir a Dios, nuestro nuevo Señor? (vv. 17-19)

¿En qué debe consistir nuestro servicio para Dios? ¿A qué nos conduce en contraste con lo que nos conducía a servir al pecado? (vv. 19-23)

Aunque Pablo usa la metáfora de la esclavitud para hablar acerca de nuestro servicio a Dios en Cristo, como también de nuestra servidumbre al pecado cuando estábamos lejos de Cristo, ¿cuáles son las diferencias entre ser esclavo de Dios y ser esclavo del pecado? Encontramos algunas de estas diferencias en los capítulos 4 al 6 de Romanos, aunque quizás usted pueda mencionar algunas adicionales. Complete el siguiente esquema con sus hallazgos:

DIFERENCIAS ENTRE...

ESCLAVO DEL PECADO	ESCLAVO DE DIOS

Haga una comparación entre Romanos 6.16-18 y Gálatas 4.6-9, observando cómo el programa de liberación de Cristo quiebra nuestra servidumbre *tanto* a la carne (los deseos egoístas y la voluntad propia) como al diablo (cualquier plaza fuerte no quebrantada en nuestra vida *ahora,* vinculada con asuntos del *pasado,* ¡pero cuyo tormento está listo para ser quebrantado a medida que la verdad nos haga libres!).

¿Cuál es el único poder que retiene este amo «foráneo»? (Ro 6.16; Gl 4.9)

¿Qué modelo sigue llevándonos a la liberación? (Ro 6.17; Gl 4.6; 5.1,16)

¿Qué contraste de posibilidades se nos muestra aquí?

Positivas (Ro 6.18)

Negativas (Gl 4.9)

Comente los términos comparativos que se usan para mostrar la relación que ahora tenemos y el modo en que cada una de estas expresiones apunta hacia nuestra nueva libertad en Cristo.

Romanos 6.16 (esclavos)

Gálatas 4.7 (hijos)

FE VIVA

Los perjuicios del servicio al pecado y los beneficios del servicio a Dios, están a la vista. ¿Puede pensar en alguna razón por la cual elegiría ser esclavo del pecado en lugar de gozar de la libertad en Cristo? ¿Pueden esas razones superar las consecuencias eternas de continuar bajo el dominio del pecado?

¿Cuáles son las áreas de su vida donde el pecado mantiene todavía dominio completo? Enumere cada una y luego preséntese a Dios, pidiéndole que perdone su pecado y lo ayude a iniciar un plan para quebrar el dominio que el pecado tiene sobre esas áreas de su vida. Recuerde que la libertad es suya *en Cristo*, de modo que no debe dejarlo fuera de su plan.

LIBERTADO DE LA LEY, TAMBIÉN

Si usted recuerda, al principio de Romanos ya Pablo había señalado que la Ley ponía de manifiesto el pecado e incluso lo inducía. Esta nos mostraba lo culpables que realmente éramos y en consecuencia nos condenaba a la muerte y al mismo tiempo señalaba hacia el Salvador. ¿Qué ocurre con la Ley ahora? Una vez que hemos depositado nuestra confianza en Cristo, ¿seguimos siendo condenados por la Ley? ¿Sigue cumpliendo en nuestra vida el mismo papel de antes? En absoluto. Hemos sido librados de la Ley, no sólo del poder y la pena del pecado. El principio básico que subyace al pensamiento de Pablo en cuanto a esto se declara en 7.1. ¿En qué consiste ese principio?

Pablo ilustra luego este principio con un ejemplo tomado de lo que la Ley dice acerca del matrimonio y del nuevo matrimonio (vv. 2,3). Resuma el ejemplo con sus propias palabras:

¿Qué tiene que ver el principio definido por Pablo y el ejemplo que usa con nuestra propia relación con Cristo? (v. 4)

¿De qué manera nos afectaba la Ley antes de nuestra conversión? (v. 5)

¿Por qué le ha parecido bien a Dios librarnos de la Ley? Dicho de otra forma, ¿qué espera que hagamos con nuestra libertad ahora que nos ha librado de la Ley? (v. 6)

FE VIVA

Dios es el que se ocupa de nuestra orientación. Quiere que recurramos a Él en busca de respuestas y dirección. De modo que hágalo ahora, pidiéndole que le muestre lo que puede hacer para servir «bajo el régimen nuevo del Espíritu, y no bajo el régimen viejo de la letra» (v. 6).

INFORMACIÓN ADICIONAL

El concepto de que hemos sido librados de la Ley plantea interrogantes acerca de si estamos ahora exceptuados de obedecer la Ley en cualquiera de sus aspectos. Por ejemplo, ¿somos responsables de seguir observando y obedeciendo los Diez Mandamientos? ¡Por supuesto! ¿Pero qué de las ordenanzas que se refieren a los sacrificios de animales y otras formas de adoración? ¿Estamos exentos de ellas? ¿En qué difieren esas ordenanzas de los mandamientos y promesas relativos al diezmo y la responsabilidad social de procurar la justicia para los marginados y ultrajados? ¿Hasta dónde, exactamente, llega nuestra «libertad» respecto a la Ley?

Esta cuestión es importante, pero no imposible de resolver. Si quiere explorar, estas son algunas referencias bíblicas que podría consultar: Mateo 5.17-48; Romanos 3.31; 7.12,14,25; 8.4; 13.8-10; Gálatas 3.19-25; Hebreos 10.1-22; Santiago 1.21-2.26; 1 Juan 5.1-5. También podría consultar alguna obra sobre teología bíblica.

LA LEY SOMETIDA A JUICIO

Una vez más, el crítico imaginario de Pablo plantea otra objeción. Pablo ha dicho varias cosas acerca de la Ley que podrían llevar al lector a pensar que la Ley era mala o pecaminosa (véase 3.20; 5.20; 7.4-6). Pero, ¿era esto lo que creía Pablo? ¿Qué relación encontraba él entre la Ley y el pecado? (7.7-12)

Si la Ley misma no es inicua sino buena, ¿es aún la causa de nuestra muerte? (v. 13) «En ninguna manera», exclama Pablo. Entonces, ¿cuál es la verdadera causa? (v. 13)

LA GUERRA INTERIOR

Antes de seguir avanzando, necesitamos considerar la controversia que se ha planteado sobre Romanos 7.7-25. La disputa gira en torno a las diferentes interpretaciones de estos versículos. Sin embargo, antes de pasar a los detalles tómese unos minutos para leer Romanos 7.14-25.

Ahora permítame decirle de qué se trata el debate. La cuestión gira en torno a lo que Pablo está detallando: (1) ¿Describen estos versículos la experiencia del apóstol antes de hacerse cristiano? (2) ¿Describen, más bien, lo que está experimentando como creyente? (3) ¿O se refieren a la manera en que la mayoría trata de vivir cuando intenta alcanzar la justicia por sus propios medios sin dar intervención al Espíritu Santo? (4) ¿Describen una vida cristiana carnal, mediocre? Veamos si podemos resolver, al menos en parte, esta controversia, a partir del análisis de Romanos.

Lea de nuevo 7.7-25 y haga un círculo alrededor de los pronombres personales (yo, mí, me, tú, nosotros). ¿A quién se refiere Pablo principalmente?

¿Qué indicación dan estos versículos, si es que la dan, de que aluden a algo más que a la sola experiencia de Pablo?

Los versículos 7 al 13 están en tiempo pasado; Pablo mira hacia el pasado, no hacia adelante o hacia el presente, como ocurre en los versículos 14 al 25. ¿Podría esto indicar que los versículos 7-13 se refieren al tiempo en que Pablo era un fariseo incrédulo y que los versículos 14-25 se relacionan con su experiencia como cristiano?

¿Con qué, exactamente, lucha Pablo? ¿Entre qué fuerzas hay conflicto? (vv. 15-23)

 ## FE VIVA

¿Experimenta alguna vez lo que Pablo describe? ¿Conoce a otros creyentes que tienen esa experiencia también? ¿Cómo expresaría lo que Pablo está diciendo a la luz de su propia experiencia?

Muchas personas se sienten muy estimuladas con el testimonio de Pablo respecto a su aparente lucha por salir victorioso y su evidente triunfo (Ro 8). Pablo describe una situación desesperante, una experiencia llena de frustración y un sentido de impotencia. Hasta llega a clamar desesperadamente después de describirla (v.

24). ¿Es el suyo un desierto completo? ¿Es que realmente no hay esperanza alguna? ¡Todo lo contrario! Sí podemos experimentar victoria. ¿Cómo? La respuesta está en los versículos 24,25:

Sin embargo, como descubriremos al estudiar Romanos 8, esta es sólo la primera parte de la respuesta. Somos realmente libres del dominio del pecado, pero no podemos disfrutar de esa libertad por nuestras propias fuerzas. Necesitamos ayuda. ¿Quién vendrá en nuestro auxilio? Dios lo hará. Pero, ¿cómo? Ese es el interrogante al que Pablo responde en el capítulo 8.

Lección 8 / Herederos de gloria (8.1-39)

Si le ha tocado perder a un ser querido, sabe lo duro que es enfrentar el tema de la muerte. No hay palabras que alcancen para describir el tremendo dolor y la absoluta soledad que deja la muerte a su paso. Por algo se les llama sobrevivientes a los seres queridos que quedan aquí. No hay ningún otro acontecimiento en la vida más difícil de sobrellevar.

Una cosa, sin embargo, puede suavizar en algo la violencia de la muerte y es la herencia que deja el que ha fallecido. Ya sea una enorme riqueza económica o de una pequeña cuenta bancaria, premios y trofeos o palabras de profundo consuelo y estímulo, una herencia es un tesoro para aquellos que la reciben. Es un legado, un recuerdo, una señal del amor de aquel que ha partido antes que nosotros.

¿Sabía que si usted es cristiano ha recibido una herencia? En efecto, así es. El Señor Jesucristo nos ha amado tanto a usted y a mí, que no sólo nos ha hecho libres sino que nos ha dejado una herencia que no puede ser comparada y mucho menos superada. Es una demostración maravillosa, increíble, tremendamente gloriosa de su amor infinito e incondicional para con nosotros.

¿Tiene curiosidad por saber de qué se trata? ¿Tiene alguna idea acerca de cuándo la va a recibir y cómo? ¿Hay algún motivo por el cual se puede perder esta herencia? ¿Le gustaría saber más al respecto? En caso afirmativo siga leyendo. Pablo tiene mucho que enseñarnos en Romanos 8 acerca de este maravilloso obsequio. Todo se articula alrededor de la Tercera Persona de la Trinidad, el Espíritu Santo.

CARACTERÍSTICAS PARA RECORDAR

Romanos 8 tiene muchos rasgos distintivos sorprendentes. Antes de que nos lancemos a analizar los detalles de este capítulo, dediquemos un tiempo a identificarlos.

En primer lugar, lea el capítulo 8 de Romanos completo, observando el nombre que se da a cada persona de la Trinidad y lo que hace. Vuelque sus hallazgos en el siguiente cuadro:

LA TRINIDAD EN ROMANOS 8

PADRE (generalmente llamado «Dios»)	HIJO	ESPÍRITU SANTO

Ahora relea Romanos 8 para descubrir lo que dice acerca de los que están en Cristo. ¿Cómo se les llama a los creyentes? ¿Qué es lo que se ha hecho por ellos? ¿Qué les aguarda todavía? ¿Con qué pueden contar? Anote sus respuestas a continuación.

LOS CREYENTES SEGÚN ROMANOS 8

Descripciones o nombres	Situación anterior	Situación actual	Situación futura	Recursos disponibles

¿Le ha planteado esta revisión interrogantes que desearía explorar más adelante? Anótelos de inmediato aquí.

¡BIENVENIDO, ESPÍRITU SANTO!

Hacia el final del capítulo 7 de Romanos, poco faltaba para que Pablo concluyera con una nota de desesperación. ¿Cómo podía enfrentar la lucha y salir vencedor en la guerra que rugía en su interior, entre el viejo hombre dominado por el pecado y el nuevo hombre aferrado al bien? ¿La respuesta? Tanto para Pablo como para cualquier otro creyente, sólo «por Jesucristo Señor nuestro» tenemos la posibilidad de hacer frente a la lucha (7.25). ¿Pero qué es lo que nos da Cristo que nos capacita para luchar y vencer en esta guerra interior? ¿La respuesta? ¡El Espíritu Santo! Lo que Jesús prometió en Juan 14 y Hechos 1, y que comenzó a manifestarse como cumplimiento de esa promesa en Hechos 2, constituye el elemento central de la respuesta que Pablo brinda en Romanos 8. Si no fuera por la obra del Espíritu Santo en nuestra vida, estaríamos ante serios problemas. Sería absolutamente imposible que alguien pretendiera vivir la vida cristiana, porque sólo el Espíritu de Dios hace posible una vida así, capacitándonos mediante su propio poder y otros recursos. Sin el Espíritu Santo, el pecado seguiría llevando la delantera en nuestra vida. Veamos cómo funciona todo esto.

¿Qué es lo que ya no tenemos los que «estamos en Cristo»? (8.1)

¿Qué significa esto?

        FE VIVA

Sabemos que ya no estamos condenados y sentimos como si esa verdad a veces sea dos cosas muy diferentes. ¿Es usted creyente? Si es así, ¿siente algunas veces que está bajo la mano condenatoria de Dios? Si le ocurre esto, debe hacer caso omiso a sus sensaciones, y dejar que se apodere de usted la realidad de su nueva relación con Dios. Propóngase aprender de memoria Romanos 8.1, o anótelo en varias tarjetas y colóquelas en diversos lugares donde las pueda ver a menudo. Permita que esta verdad penetre en lo profundo de su ser. Créame, traerá refrigerio a su alma y transformará sus sentimientos.

¿Conforme a quién, asume Pablo, viven [«andan»] «los que están en Cristo»? (v. 1)

¿Qué otra manera de vivir hay?

¿Se espera que vivan así los cristianos?

¿Quién nos ha liberado, de qué hemos sido liberados y cómo fue asegurada nuestra libertad? (vv. 2-4)

NO TODOS LOS ESTILOS DE VIDA VALEN LA PENA

En los versículos 5-11, Pablo contrasta la vida según la carne con la vida según el Espíritu. Procure identificar las características opuestas de estos dos estilos de vida.

EL CONTRASTE ENTRE DOS ESTILOS DE VIDA

LA VIDA CARNAL	LA VIDA ESPIRITUAL

 FE VIVA

Cada cual conoce la capacidad que tiene para permitir que ya sea su propia carne o el Espíritu Santo tenga preeminencia en su vida. ¿Cuáles son las diferentes formas en que se manifiesta la carne en su vida?

¿Cómo puede saber si el Espíritu Santo tiene libertad de acción en su vida?

Pida al Espíritu Santo que lo ayude a someterse más a su mano orientadora, para que pueda deshacer la destructiva influencia de la carne en su vida.

¿Qué obligación tenemos y hacia quién como creyentes en quienes mora el Espíritu Santo? (v. 12)

¿Cuáles son las consecuencias de los dos estilos de vida entre los que debemos optar? (v. 13)

¿Qué significa «hacer morir las obras de la carne»? (v. 13) Remítase a lo que conoce acerca de lo que Pablo ya ha dicho en Romanos para contestar esta pregunta (Ro 6.1-18).

  FE VIVA

Tome ahora lo que entiende de «hacer morir las obras de la carne» y comprométase a volverse diariamente al Espíritu Santo, pidiéndole que le muestre cómo hacerlo y luego que lo capacite para lograrlo.

Recuerde que este es un pedido de oración que al Espíritu Santo siempre le satisface, porque está plenamente de acuerdo con la voluntad de Dios. De modo que, si alguna vez cae presa de las obras de su naturaleza pecadora, no culpe de ello al Espíritu. Él siempre va a responder a sus necesidades en este aspecto. Cualquier fracaso que experimente será su propia responsabilidad, no la de Él.

HEREDEROS DE LA PROMESA

En los versículos 14-17 aprendemos algunas verdades sorprendentes acerca de nosotros como creyentes y del Espíritu Santo como nuestro... bueno, veamos.

¿Qué nos dicen los versículos 14-17 acerca de lo que el Espíritu Santo hace por nosotros y por medio de nosotros?

¿Qué nos dicen estos versículos acerca de la intimidad de nuestra relación con Dios, como consecuencia de la obra del Espíritu Santo?

 RIQUEZA LITERARIA

Abba (v. 15): Esta es una palabra aramea, que probablemente era el idioma que hablaba Jesús, y significa «padre, papá». Es una expresión de intimidad entre un niño y su padre.

 FE VIVA

¿Cómo nos dirige el Espíritu Santo? ¿Cómo podemos estar seguros de que la orientación que percibimos viene del Él y no de nuestros deseos? Piense en las ocasiones en que ha sentido que la mano del Espíritu lo estaba guiando. ¿Estaba en lo cierto? ¿Era el Espíritu quien lo dirigía? ¿Cómo lo supo?

¿Cómo da testimonio el Espíritu a nuestro espíritu, de que somos hijos de Dios?

Como hijos de Dios, somos «herederos y coherederos con Cristo» (v. 17). Aunque más adelante Pablo nos dirá más acerca de lo que vamos a heredar, en el versículo 17 nos ofrece un indicio. ¿Cuál es ese indicio?

Aunque nuestra herencia parece ser condicional a si sufrimos con Cristo, no es eso lo que significa la palabra *si* en el versículo 17. La idea se expresaría mejor como: «*Puesto* que sufrimos» en lugar de «si».[1]

¿Está la idea de nuestro sufrimiento con Cristo acorde con lo que dicen las Escrituras en otros pasajes acerca de lo que experimentarían sus discípulos? He aquí algunos pasajes que podría consultar: Mateo 5.11,12; Marcos 8.34-38; Juan 15.18-21; 16.33; Hechos 14.21,22; 1 Pedro 3.13-17; 4.12-19.

Aquí se ve que los sufrimientos aparecen abarcando un espectro mucho más amplio que el de las dificultades o dolores circunstanciales. Todo lo que está involucrado es el campo de la guerra espiritual, la persecución y la opresión. Cuando Pablo piensa en nuestros sufrimientos presentes, ¿qué dice acerca de cómo compararlos con nuestra herencia? (v. 18)

¿Cuáles son las diferencias que destaca entre nuestros sufrimientos presentes y nuestra gloria futura? Enumere todas las que pueda encontrar.

UNA HERENCIA POR LA CUAL MORIR

¿Cuáles son las diversas maneras en las que Pablo describe la gloria venidera en los versículos 17-39?

¿Qué garantía tenemos de que este futuro glorioso será realmente nuestro? (vv. 17-39)

Pablo liga el futuro de la creación con el nuestro (vv. 19-22). ¿Cuál es la conexión? ¿Por qué está la creación sometida a esclavitud, y qué tiene que ver su anhelo de redención con el nuestro? Quizás necesite leer Génesis 1 al 3, y leer nuevamente Romanos 5 para poder responder a esta pregunta.

 FE VIVA

Es difícil leer un periódico o una revista o ver las noticias por televisión sin escuchar algo acerca del medio ambiente. La ecología es un tema candente en estos días. En la Palabra de Dios, sin embargo, la ecología siempre ha sido importante. El mandato de Génesis (Gn 1; 2) a someter y cuidar la tierra nunca ha sido revocado por el Señor. Como podemos ver en

Romanos 8, Dios tiene en mente el bienestar pleno de la creación. Él se interesa por toda la creación, no sólo por sus criaturas humanas.

¿Qué está haciendo usted por el medio ambiente? ¿En qué forma evidencia su deseo de cuidarlo amorosamente, reflejando así la preocupación del propio Creador? Considere tres cosas que puede empezar a hacer esta semana que le permitirá cuidar el medio ambiente.

EL ESPÍRITU EN ACCIÓN

En los versículos 23-27, podemos realmente ver algunas de las riquezas de la obra del Espíritu en nuestras vidas. Está obrando activamente a nuestro favor. Resuma con sus propias palabras lo que estos versículos nos dicen acerca del ministerio del Espíritu hacia nosotros, en nosotros y por nosotros.

Qué consuelo da percibir cómo el Espíritu Santo nos asiste en nuestra intercesión y *además* intercede por nosotros ante el Padre. Observe «conforme a» qué es su intercesión. ¿Tiene como fin adecuarse a nuestra voluntad o a la de Dios? (v. 27) Según el versículo 28, ¿cuál es el beneficio de esa clase de intercesión a nuestro favor? ¿Advierte cómo el versículo 28 depende, para su cumplimiento, de que permitamos al Espíritu Santo que interceda por medio de nosotros ante situaciones difíciles? Comente esta «condición» que tiene la promesa y lo que significa para usted.

 FE VIVA

¿Cómo puede el «orar en el Espíritu» ayudarle a pedir que se cumpla la voluntad de Dios? ¿Tiene confianza en que la voluntad de Dios para su vida siempre será mejor que la suya propia? Reflexione acerca de estos interrogantes y comprométase a permitir que el Espíritu Santo lo ayude siempre en sus oraciones, poniendo su vida de oración en sus manos, en lugar de intentar responder cada pregunta con su propia sabiduría.

Compare Romanos 8.26,27 con 1 Corintios 14.15, Efesios 6.18 y Judas 20. ¿Qué beneficios encuentra en la oración asistida por el Espíritu Santo?

NO DEJE NADA AL AZAR

Así como la oración impulsada en el poder del Espíritu Santo es la condición para que «todas las cosas ayuden a bien», ¿cuál es la garantía o el poder que asegura este «bien» para los que aman a Dios? (vv. 29,30)

 ## RIQUEZA LITERARIA

Antes conoció (v. 29): Es el rasgo de la omnisciencia de Dios por el cual Él conoce el futuro de todas las cosas y acontecimientos antes de que ocurran.

Predestinó (v. 29): Acto de la voluntad de Dios por el cual Él determina qué va a ocurrir y cómo, sea por su libre voluntad o permitiendo que otros ejerzan su libre albedrío.

Llamados (v. 30): La invitación de Dios a llegarnos a Él por fe.

Justificados (v. 30): Acto por el cual Dios declara justos a los pecadores que muestran fe y elimina todo registro de sus pecados pasados.

Glorificados (v. 30): Nuestro futuro estado de perfección y bendición celestial; nuestra herencia final. Es la culminación prometida del proceso de santificación que se inició después que depositamos nuestra fe en Cristo. Es algo tan cierto, que Pablo puede referirse a dicho estado en tiempo pasado.

Ante un plan tan increíble y la garantía de que será llevado a cabo, Pablo plantea cinco interrogantes con el propósito de ofrecernos una inconmovible seguridad en medio de nuestras pruebas presentes y ante nuestro destino futuro (vv. 31-39). ¿Cuáles son esos interrogantes y cómo pueden responderse?

Pregunta 1:

Respuesta:

Pregunta 2:

Respuesta:

Pregunta 3:

Respuesta:

Pregunta 4:

Respuesta:

Pregunta 5:

Respuesta:

Tenemos absoluta seguridad, ahora y para siempre. El Dios del universo entero, el Dios omnipotente que ama a todos, es quien nos da su perfecta garantía, y Él nunca se equivoca ni puede mentir (Tit 1.2). ¡Eso sí que nos entusiasma!

Lección 9/ Promesas que nunca fallan
(9.1—11.36)

- «Prometiste arreglar ese grifo ayer, y la semana pasada también habías prometido arreglarlo. ¿Cuándo lo vas a hacer, realmente?»

- «Ya he escuchado eso demasiadas veces antes. ¡Acéptalo, no vas a cambiar ahora ni nunca!»

- «"Lo siento, lo siento, lo siento". Estoy harto de escucharte decir que lo sientes. Lo único que quiero es que cumplas lo que dices que vas a hacer... ¡al menos una vez!»

¿Cuántas veces le han prometido hacer algo por usted y nunca lo han cumplido, al menos no en el momento conveniente? Qué frustrante es este proceder, especialmente cuando uno cuenta con que la persona lleve a cabo lo que ha dicho. Por supuesto, ninguno de nosotros ha cumplido a cabalidad todas sus promesas, pero eso no anula el hecho de que las promesas incumplidas producen ansiedad, ira, culpa, frustración y desilusión. A nadie le gusta quebrantar una promesa, pero a todo el mundo le resulta odioso que alguien pase por alto el ofrecimiento que nos hizo. En ninguna relación se advierte con tanta claridad esta situación como en la relación de una persona con Dios.

¿Nunca se ha encontrado con alguien que pensaba que Dios le había fallado? ¿Tiene una actitud de perdón o de comprensión en relación con el problema? No es probable. Seguramente se siente amargado, hostil, incluso vengativo para con Dios. No quiere tener nada que ver con Él, a menos que pueda encontrar la forma de desquitarse con Él.

¿Alguna vez se ha sentido así con Dios? ¿Ha pensado alguna

vez que Dios le falló, que sus promesas no significaban nada, que simplemente estaba jugando con su mente y sus emociones, y que en realidad nunca había pensado llevar a cabo lo que había dicho que haría? Si lo ha pensado, usted no es el único. En distintos momentos de la historia humana, incluso algunos hombres y mujeres de las Escrituras han dudado de las promesas de Dios (Gn 18.9-15; Job 16.6-17; Lc 1.18-20).

Pero si por algo se caracteriza la Escritura es por el registro de cientos y cientos de ocasiones en los que Dios prometió hacer algo y luego lo hizo. Tan fielmente consecuente ha sido que los escritores de la Biblia lo subrayan con frecuencia, y hasta se refieren a Él como el que es invariablemente fiel, aun cuando nosotros no lo somos (Sal 119.89-91; Os 11.12; 1 Ts 5.24; 2 Ti 2.13). Dios es el único que siempre cumple sus promesas, pero esto no evita que nosotros dudemos de Él.

Pablo entiende esto. Sabe, también, que pese a toda la evidencia que ha acumulado para respaldar la certidumbre de que Dios hace todas las cosas para bien de los que creen en Él, de todos modos se plantea la siguiente pregunta: ¿Qué de las promesas que Dios hizo a su simiente escogida, la descendencia natural de Abraham, el pueblo judío? ¿Todavía mantendrá las promesas que les hizo, particularmente ahora que ha incluido a los gentiles en su plan de una manera en que a muchos de los judíos en tiempos de Pablo les parecía que significaba que los había pasado por alto, cuando no omitido? Estas son buenas preguntas, sin duda, y merecen respuestas. Como buen teólogo y maestro de la fe, Pablo las encara frontalmente. Sus respuestas tienen profundo significado, tanto para todos los incrédulos como para todos los creyentes. Prestemos cuidadosa atención a ellas.

Primero, refresquemos la memoria

Antes de continuar, este es un buen momento para refrescar la memoria respecto a lo que Pablo ha dicho hasta aquí. De modo que mientras reflexiona sobre lo aprendido, y posiblemente repase las notas que ha tomado durante las lecciones anteriores, sintetice los puntos principales de Romanos 1 al 8, para que pueda percibir el argumento global que Pablo ha venido elaborando.

Ahora salte a Romanos 12 y lea los primeros versículos. ¿Le da la impresión de que Pablo puede haber pasado por alto los capítulos 9 a 11? Sí o no, ¿por qué?

¿Por qué piensa que incluyó estos capítulos? ¿Por qué cambia su actitud triunfante y gozosa (Ro 8) a la «gran tristeza y continuo dolor»? (9.2) En Romanos 9.3 encontramos la clave.

A CONTINUACIÓN, UNA MIRADA A VUELO DE PÁJARO

Veamos ahora de prisa los capítulos 9 a 11 de Romanos. Comenzaremos con un repaso panorámico de estos capítulos. Dedique un tiempo para leerlos, y al hacerlo, intente encontrar las respuestas a las siguientes preguntas:

¿A quién se dirige Pablo en estos capítulos? ¿A creyentes? ¿Incrédulos? ¿Gentiles? ¿Judíos?

¿Cuáles son los asuntos que le preocupan a Pablo en relación con estas personas?

¿Qué asuntos o interrogantes le plantean estos capítulos?

LAS FIELES BENDICIONES DE DIOS

Pablo empieza nombrando algunas de las maravillosas bendiciones que el pueblo judío recibió de manos de su fiel Señor (9.4,5). ¿Cuáles son esas bendiciones?

RIQUEZA LITERARIA

Israelitas (v. 4): Los descendientes de Jacob que recibieron el nuevo nombre Israel (Gn 32.28). Nombres tales como «Israel», «israelitas», comunicaban a los judíos que ellos eran el pueblo escogido de Dios.

Adopción (v. 4): Este término se refiere a la adopción que Dios hace a la nación de Israel como su hijo (Éx 4.22,23; Jer 31.9; Os 11.1).

Gloria (v. 4): La majestuosa manifestación de la presencia de Dios que durante la historia de Israel a menudo se manifestaba en la forma de una nube brillante, con un resplandor casi enceguecedor (Éx 16.7,10; 40.34-38; Ez 1.28).

Pactos (v. 4): Acuerdos o tratados de Dios con determinados individuos (tales como Abraham, Gn 15.1-21, y David, 2 S 23.5) y con la nación de Israel (Éx 19.5; 24.1-8).

Ley (v. 4): El conjunto de instrucciones que Dios dio a la nación de Israel por medio de Moisés (Éx).

Culto (v. 4): Las instrucciones que Dios dio a Moisés acerca de la adoración que Israel debía tributar a Dios (Lv; véase también Heb 9.1-6).

Promesas (v. 4): Los cientos de promesas que Dios hizo a Israel a lo largo del Antiguo Testamento (véase también Hch 13.29-39; Ef 2.12).

Patriarcas (v. 5): A veces también *padres,* se refiere a Abraham, Isaac, Jacob, los doce hijos de este y otras personas notables en la historia de Israel, tales como David (Mc 11.10; Hch 2.29).

FE VIVA

¿Cuándo fue la última vez que meditó acerca de todo lo que Dios ha hecho por usted? Dedique un tiempo ahora para repasar las bendiciones recibidas y agradecer a Dios por sus dones amorosos e inmerecidos.

¿POR QUÉ, ENTONCES, LA INCREDULIDAD?

Dado que los israelitas tienen mucho a su favor, ¿por qué hay tantos que no han confiado en Jesús como el Mesías largamente esperado? ¿Acaso no son todos los israelitas los elegidos de Dios y por lo tanto salvos no importa que crean o no en Jesucristo? La respuesta de Pablo empieza en 9.6-13 (véase también 2.28,29). Exprésela por escrito con sus propias palabras:

 ENTRE BASTIDORES

Los dos ejemplos del Antiguo Testamento relacionados con la elección de Dios giran en torno a Isaac e Ismael, Jacob y Esaú. Ninguno tiene que ver con la salvación de dichos individuos, pero ambos se relacionan con la actitud de Dios en cuanto a hacer una opción entre los descendientes naturales de Abraham para establecer la línea espiritual de la promesa. ¿A través de quién habría de venir el Mesías? ¿Por la línea de Isaac o la de Ismael? Dios declaró que el Mesías vendría por la línea de Isaac (Gn 21.12). ¿Y qué de los mellizos Jacob y Esaú? Una vez más, Dios hizo una opción soberana, eligiendo a Jacob para que por su línea de descendencia viniera el Mesías (Gn 25.23).

Cuando el pasaje dice que Dios amó a Jacob pero aborreció a Esaú, no significa que Él se preocupaba por uno y despreciaba al otro. Más bien, el concepto del amor y el odio se refiere a la elección de Dios de uno de los mellizos en lugar del otro para continuar por medio de él la descendencia física hasta llegar al Mesías; no tenía nada que ver con su compromiso o sus sentimientos hacia una u otra de esas personas (véase Mt 6.24; Lc 14.26; Jn 12.25). Dios ama a todos los seres humanos y desea sólo lo mejor para ellos, siempre que estén dispuestos a acercarse a Él por la fe (Jn 3.16-18; 1 Ti 2.3-6). Jacob y Esaú, así como Isaac e Ismael, tuvieron una oportunidad muy concreta de aceptar o rechazar libremente una relación de fe con el Señor.

¡DIOS ES UN JUEZ ABSOLUTAMENTE JUSTO!

Teniendo presente la voluntad y soberanía de Dios de hacer elecciones, tal como lo demuestra claramente la historia de Israel, Pablo analiza la objeción de quienes llegan a la conclusión de que esa actitud de Dios muestra que es un ser injusto (Ro 9.14). Pablo lo niega remitiéndose a la historia del Antiguo Testamento acerca de Moisés y Faraón, y el éxodo de los israelitas cuando salieron de Egipto (vv. 15-18); ejemplifica de esa manera que Dios tiene derecho a mostrar misericordia a quien Él quiere.

¿Recuerda esa historia? El pueblo escogido por Dios vivía esclavo en Egipto. Dios oye su clamoroso pedido de ayuda, y convoca a Moisés para que actúe como su representante ante Faraón, el gobernante de Egipto. Sin embargo, antes que Moisés se presente ante Faraón le dice que no será fácil que el monarca acceda a que los israelitas se marchen. Le dice que Él mismo endurecerá el corazón de Faraón para que se les oponga y se niegue a conceder el pedido de Moisés para liberar a los israelitas. ¿Por qué Dios habría de hacer algo así? Pablo nos lo dice citando las palabras que Moisés le dirigió a Faraón: «Para esto mismo te he levantado [Faraón], para mostrar en ti mi poder, y para que mi nombre sea anunciado por toda la tierra» (Ro 9.17; cf. Éx 9.16). El resto es historia. Faraón pudo haber sido un misericordioso liberador, pero eligió ser uno odioso. Liberó finalmente a los israelitas, pero no antes de que ocurriera una serie de milagros increíbles en Egipto, sucesos sobrenaturales que convencieron tanto a los egipcios como a los israelitas de que el Dios de Israel era Señor sobre todas las cosas.

Pero note una vez más que aquí tampoco se enfoca la cuestión de la salvación personal. Pablo argumenta que Dios tiene derecho a elegir y que su opción es siempre justa. Hasta aquí, no obstante, los ejemplos presentados no han tenido que ver con la salvación individual de la condenación eterna para obtener vida eterna.

 RIQUEZA LITERARIA

Misericordia (v. 15): Ir más allá de la justicia, otorgando a una persona lo que no merece, o evitando darle lo que sí merece; mostrar bondad y preocupación por alguien que pasa por una grave necesidad.

Endurece (v. 18): La palabra griega traducida aquí como *endurece* se refiere a las palabras hebreas usadas con ese sentido en Éxodo, de modo que tenemos que remitirnos a los términos hebreos para entender lo que Pablo quiere decir.

Las tres palabras hebreas traducidas como *endurecer* en el relato de Éxodo sobre el endurecimiento del corazón de Faraón tienen significados similares. La que se usa con más frecuencia significa «hacer fuerte, fortalecer, endurecer» (Éx 4.21; 7.13,22; 8.19; 9.12,35; 10.20,27; 11.10; 14.4,8,17). La que sigue en frecuencia significa «obtuso» o «insensibilidad» (Éx 7.14; 8.15,32; 9.7,34; 10.1). La tercera aparece una sola vez (Éx 7.3) y significa «obstinado, terco».

Considerando en conjunto estos términos en sus diversos contextos, ninguno de ellos implica la idea de que estén forzando a alguien a hacer algo en contra de su voluntad. En cambio, trasmiten la idea de que el Faraón fue afianzado con más tenacidad en la senda de orgullo y rebelión que él mismo ya había elegido.

 ## FE VIVA

¿Tiene alguna área de su corazón endurecida? ¿Le ha cerrado las puertas a Dios en esa área? Si es así, humíllese hoy en su presencia. No espere que su mano para disciplinar emita el voto decisivo.

Si conoce a alguien que se haya endurecido en su relación con el Señor, téngalo presente en sus oraciones. Esa persona necesita más que nunca de su intercesión en oración.

NO SE ME PUEDE CULPAR A MÍ... ¿O SÍ?

A esta altura Pablo analiza un cuestionamiento muy natural, pero planteado, al menos en este caso, a partir de una actitud de arrogancia e incredulidad. Si Dios es el que decide a quién va a mostrar misericordia y a quién va a endurecer: «¿Por qué, pues, inculpa? porque ¿quién ha resistido a su voluntad?» (Ro 9.19). ¿Qué responde Pablo a este planteamiento? (vv. 20-29). Intente expresarlo con sus propias palabras.

¿Qué puede decir en cuanto al énfasis en Romanos 9.1-29? ¿Está enfatizando más la misericordia o el juicio de Dios? ¿Su compasión o su disposición a endurecer a las personas? ¿Sus bendiciones o sus maldiciones? ¿Su deseo de salvar a las personas o su deseo de descargar ira sobre ellas?

Además, ¿hacia dónde se enfoca la actividad selectiva de Dios en estos versículos? ¿Se ve a Dios decidiendo condenar o traer bendición y comprensión?

 FE VIVA

¿Qué significación tienen en su opinión estos énfasis y enfoques en relación a la manera en que Dios se ocupa de usted y de aquellos a quienes usted conoce? ¿Cómo piensa que deberían modificar estos hechos la manera en que reacciona ante Dios y ante otros?

Hasta este punto de Romanos 9 Pablo ha establecido con claridad que Israel es responsable de su rechazo al plan que Dios tenía para ellos, y que Él es responsable de haberse ocupado constantemente de un pueblo rebelde por su infinita misericordia y compasión. A partir de aquí, Pablo plantea la pregunta que todo judío incrédulo haría a la luz del hecho de que los gentiles estaban logrando una relación correcta con Dios, en tanto muchos israelitas no lo lograban (vv. 30,31). ¿A qué se debía eso? Resuma la respuesta de Pablo (vv. 32,33).

EL EVANGELIO PARA ISRAEL

Romanos 10.1-13 es la presentación del evangelio que Pablo ofrece al pueblo judío. Podría llamarse «el camino romano del plan de salvación para Israel». ¿En qué consiste ese plan? ¿Es en algo diferente al evangelio que Pablo predicaba a los gentiles?

¿Ha escuchado Israel el evangelio antes? Después de todo, ¿cómo podían considerarse responsables por un mensaje que nunca habían escuchado? «Ah», dice Pablo, «pero es que sí lo han escuchado y lo han rechazado». ¿Cómo y cuándo? Observe la respuesta de Pablo en 10.14-21 y procure reformularla aquí.

¿Significa esto que Dios ha vuelto la espalda a su pueblo escogido? (11.1) «¡En ninguna manera!», exclama Pablo. ¿Qué pruebas ofrece para respaldar esta respuesta negativa?

Pablo mismo (v. 1):

Elías (vv. 2-4):

Conclusión (vv. 5,6):

¿Por qué, entonces, algunos han aceptado el evangelio mientras que otros no? (vv. 7-10)

¿Significa esto que los que aun no han aceptado el evangelio no tendrán nunca la oportunidad de hacerlo? Es más, ¿por qué aparentemente Dios permite que le sea tan difícil a los judíos incrédulos alcanzar la justificación por medio de la fe? (vv. 11-32)

 RIQUEZA LITERARIA

Endurecimiento (v. 25): «Endurecimiento, callosidad. La palabra es un término médico que describe el proceso por el cual las extremidades de los huesos fracturados se fijan mediante una osificación o callosidad petrificada. Algunas veces se refiere a una sustancia dura en el ojo, que lo ciega. Si se la usa metafóricamente, [esta] sugiere insensibilidad o ausencia de percepción espiritual, ceguera espiritual, endurecimiento».[1] Observe en 11.25 que esta ceguera es parcial (porque durante todo este tiempo hay un remanente que se salva), y es temporal (porque llegará a su fin cuando «haya entrado la plenitud de los gentiles»).

¿Cómo se sentirían los gentiles con todo esto? ¿Cuál debería ser su reacción en sentido personal, público y pastoral? (vv. 11-32)

¿Cuánto durará este estado de ceguera para Israel? (v. 25)

¿Qué significa «la plenitud de los gentiles» (v. 25), y cómo se relaciona con la «plena restauración» de los judíos? (v. 12) Algunos pasajes relacionados con el tema se encuentran en Lucas 21.24; Juan 10.16; Hechos 15.14.

¿Qué quiere decir Pablo cuando dice «todo Israel será salvo» (v. 26) después que se haya cumplido la plenitud de los gentiles? Por lo general, los comentaristas bíblicos sostienen uno de los tres puntos de vista relacionados con la interpretación de este pasaje. Reflexione sobre cada opción a la luz de lo que ha aprendido en Romanos hasta aquí, y considere cuál es a su juicio la que tiene mayor respaldo bíblico.

Opción 1: «Todo Israel» se refiere a la totalidad de los judíos y gentiles en cada generación que alcanzan la salvación por medio de la fe.

Opción 2: «Todo Israel» designa a todos los judíos de cada generación que reciben la salvación por fe.

Opción 3: «Todos Israel» denota la gran cantidad de judíos que en la última generación llegarán a la salvación por fe.

¿Se le ocurre cómo podrían expresarse estas tres ideas?

FE VIVA

La actitud de Pablo hacia la necesidad que tienen los judíos de ser salvos es más que loable, es piadosa. ¿Conoce personas judías que necesiten recibir al Salvador? Sea que conozca o no personas en esa situación, ¿estaría dispuesto a orar con perseverancia por su salvación? El Señor no se ha dado por vencido con respecto a su pueblo escogido; no ha olvidado las promesas que les hizo. Nosotros tampoco deberíamos olvidarlas.

UNA MIRADA RETROSPECTIVA

Repase lo que hemos abarcado en esta lección e intente resumir el argumento principal de Romanos 9.1—11.32. Cuando todo ha sido dicho y hecho, ¿a qué apunta Pablo en este pasaje de las Escrituras, y cuáles son los conceptos principales que sostienen su razonamiento?

UNA CONCLUSIÓN APROPIADA

En los cuatro versículos finales de Romanos 11, Pablo se lanza a pronunciar una doxología, modo apropiado, por cierto, de dar término a algunas de las verdades más asombrosas en relación con la manera en que Dios obra en la historia humana. ¿Cómo describe el apóstol a Dios en esta explosión de alabanza? Enumere tantas características como le sea posible.

 SONDEO A PROFUNDIDAD

Vuelva sus ojos al cielo pensando en lo que Pablo ha dicho acerca de Dios en estos versículos finales, y sólo alabe a Dios por lo que Él es y por lo que ha hecho. Digno es el Señor, digno de ser alabado. ¡Aleluya!

Pocos temas generan más calor que claridad como el de la relación entre la soberanía divina y la libertad humana. Algunas personas enfatizan la soberanía de Dios al punto de excluir la libertad humana. Otros restan importancia a la soberanía de Dios y exaltan la libertad humana. Muchos simplemente se dan por vencidos declarando que es imposible resolverla porque van en contra de la lógica.

Si quiere ahondar más en este tema investíguelo por medio de otros libros de referencia.

Lección 10 / Sacrificios transformados (12.1-21)

- Procure ser el número uno.
- La vida es corta, por eso aproveche todo el placer que pueda.
- Lo puede tener todo en el aquí y el ahora.
- No se deje pisotear por nadie.
- Si alguien lo tumba, levántese y péguele más fuerte.
- Lo principal es ganar.
- La gente sólo recuerda a los que llegan primero, de modo que no se conforme con el segundo.

Podría continuar la lista, pero creo que usted comprenderá. Se ve a diario, en televisión, en el cine, en los eventos deportivos, en los diarios, en innumerables libros, lo escuchamos de los amigos, de la familia. Alcanzar lo que quiere, cuando lo quiere, tantas veces como lo quiera y de la manera que lo quiera es el mensaje que nos llega de la sociedad. Es lo que se supone que debemos procurar hacer, el modelo a seguir. Se presenta como la clave para vivir feliz para siempre. ¿Pero es verdad? ¿Puede en realidad proporcionarnos lo que nos promete?

La Biblia dice que no. El servicio centrado en el yo jamás podrá proporcionar felicidad duradera. Por supuesto, nos puede hacer sentir bien durante un lapso breve. Es más, podemos incluso sentirnos como si mereciéramos que nuestras necesidades y exigencias fueran atendidas antes que las de otros. Pero si vivimos con la máxima de ser el centro de todo, perderemos el gozo genuino y duradero. Perderemos de vista la vida cristiana y todas las bendiciones que la acompañan, porque la vida que hemos de vivir por medio de Cristo comienza con el servicio a los demás, que no es más que otra forma de definir el autosacrificio.

Pero no interprete mal lo que digo. Este no es el tipo de sacrificio en el que uno se flagela hasta que otros se sientan mejor o logren lo que desean. No. Esto es vida sacrificial transformada.

Cambia nuestro carácter, nuestra mente, nuestro corazón, hasta que el impulso fundamental de nuestra vida consista en ayudar a otros, servirlos de toda forma posible, para que ellos a su vez no sólo vean, sino deseen, y hasta comiencen a vivir y disfrutar la vida en Cristo, centrada en otros.

«¿Cómo puede lograrse esto? Se ve demasiado retrógrado, muy contrario a la manera en que nuestra sociedad desea que vivamos». Esta es precisamente la cuestión. La perspectiva de Dios está centrada de manera correcta, mientras que la nuestra está invertida. Pensamos que nuestro punto de vista es normal, pero no lo es. Nuestra perspectiva está distorsionada y confundida; es irracional. La de Dios es perfecta, clara y eminentemente racional. De modo que si es preciso, estudie esta lección parado sobre su cabeza, es decir, intelectual y prácticamente. Pablo está a punto de reorientar nuestra manera de pensar para que se parezca a la de Dios.

LA CLAVE DE LA VIDA CRISTIANA

Los primeros once capítulos de Romanos, aunque jalonados con aplicaciones para la vida, son doctrinales en su mayor parte. Pablo sienta la base teológica y el alcance del evangelio, a la vez que lo defiende frente a malos entendidos y objeciones. Pero una vez que llega al capítulo 12, su enfoque cambia dramáticamente. «Así que, hermanos, os ruego», son palabras que miran atrás y edifican sobre todo el fundamento que Pablo ha venido colocando. «Con todo eso en mente», parece decir Pablo, «os ruego, hermanos en la fe, que...» ¿Comó? ¿Qué es lo que quiere que hagamos a la luz del mensaje del evangelio? Comienza, pero a la vez está sintetizado en los primeros tres versículos del capítulo 12. Trate de reformular dichos versículos con sus propias palabras.

versículo 1

versículo 2

versículo 3

Analicemos estos versículos con más detenimiento. Contienen

cuatro mandatos, y cada uno de ellos está conectado a cada uno de los demás, formando un lazo que vincula al resto de los consejos prácticos que siguen en Romanos. Estas cuatro directivas constituyen la clave para la vida cristiana. Liberan el poder práctico del evangelio en las vidas de los que han sido salvados por nuestro Señor Jesucristo, en los cuales mora el Espíritu Santo.

¿Qué frase usa Pablo para resumir la actividad de Dios por la cual nos da el evangelio de Cristo Jesús y lo hace fructificar en nosotros? (v. 1)

El primer mandato de Pablo comprende algo que debemos hacer con nuestros cuerpos. Pero la palabra que usa para cuerpo no sólo significa el cuerpo físico. La palabra *cuerpos* es una metáfora que representa todo lo que somos, ya sea físico, espiritual, emocional o mental. Por lo tanto, ¿qué significa presentar nuestros cuerpos a Dios en «sacrificio vivo»? (v. 1) ¿Qué implicaciones encontramos aquí en cuanto a nuestras prácticas de adoración?

¿Es nuestra ofrenda sacrificial un acto a cumplir una vez para siempre, ocasional, frecuente o diario? ¿Cómo lo sabe?

En el versículo 1, ¿cuáles son las cuatro descripciones que nos dicen acerca del tipo de sacrificio que debemos hacer?

¿Qué nos dicen estas descripciones acerca de la naturaleza de Dios, su carácter y sus expectativas?

Después de llamarnos a la consagración, Pablo nos dice: «No

os conforméis a este siglo [mundo]» (v. 2). La Biblia habla acerca del «mundo» y sus peligros en varios lugares. Busque los siguientes pasajes y resuma lo que dicen acerca de la condición del mundo y sus atracciones, y cómo debemos encararlas, especialmente a la luz del mandato de Pablo en Romanos 12.2.

Mateo 13.22

Gálatas 1.4

1 Pedro 1.14

1 Juan 2.15-17

El siguiente mandato de Pablo es positivo, y aparece en contraste con su mandato anterior de no conformarnos. Mientras que *conformarse* tiene que ver con el moldearnos de acuerdo a una apariencia o tipo exterior, *transformarnos* se refiere a los cambios internos que llevan a expresiones externas de esos cambios internos. ¿Cómo se opera esta transformación? (Ro 12.2)

¿Cuál es la meta del proceso de transformación? (v. 2)

El cuarto mandato de Pablo se encuentra en el versículo 3 y tiene dos aspectos: uno negativo y otro positivo. ¿Cuáles son?

El negativo:

El positivo:

 FE VIVA

Antes de continuar, repase estas cuatro claves para la vida cristiana, y considere el papel que cumplen en *su* vida. ¿Está obedeciéndolas activamente? Si no es así, ¿qué medidas puede comenzar a adoptar en esta semana para obedecerlas de manera muy concreta? Sea específico.

Sed consagrados

No os conforméis

Transformaos

Mantened un concepto adecuado de vosotros mismos

DONES DE SERVICIO

La consagración, el no conformarse, la transformación, la evaluación, son actos de individuos que miran su propia vida interior para evaluarse y reorientarse por el poder del Espíritu de Dios, en busca de un carácter, un modo de ver las cosas y un estilo de vida santos. Sin embargo, una vez que estamos activamente ocupados de este modo tendremos que trasladarnos al exterior, hacia la tarea de servir a otros. La vida cristiana nunca tuvo como objetivo vivirla apartada de la comunidad. No podemos ser personas solitarias dedicadas a Cristo, es decir, individuos descomedidos que se ocupan nada más que de sí mismos. Cualquier tarea centrada en uno mismo debe con el tiempo orientarse hacia tareas dirigidas a otros. Del mismo modo en que Cristo vino para salvar y servir a otros, así Él nos pide a nosotros, sus hijos adoptivos, que vayamos a otros con su mensaje de salvación y que les ayudemos a crecer en la familia de la fe.

Ahora bien, Dios no se limita a llamarnos para luego dejarnos a la merced de nosotros mismos. Nunca nos deja plantados. Cualquiera sea la tarea que nos llame a hacer, nos capacita a la vez para cumplirla. Como lo expresa Pablo, Dios lo hace «conforme a la medida de fe que... repartió a cada uno» (v. 3). La «fe» aquí mencionada «no alude a la fe de la salvación, sino a la fe que acompaña el recibir y usar los dones que Dios nos da».[1] Dios nos da los dones y la fe que necesitamos para utilizar esos dones. Percatándonos de esto, volvamos nuestra atención a los versículos 4-8.

Antes de mencionar cada uno de los dones por su nombre, Pablo habla acerca de la Iglesia, el cuerpo de Cristo. ¿Qué es lo que dice de ella? (vv. 4,5)

¿Cuál es el sentido de esta descripción de la Iglesia? Tal vez usted quiera consultar dos pasajes paralelos: 1 Corintios 12.4-27 y Efesios 4.11-16.

En Romanos 12.6-8 se mencionan siete dones. ¿Cuáles son y cómo se han de usar?

DONES ESPIRITUALES DE SERVICIO

LOS DONES	CÓMO USARLOS
1)	
2)	
3)	
4)	
5)	
6)	
7)	

 RIQUEZA LITERARIA

Básicamente, en este pasaje se sostienen dos interpretaciones concernientes a los dones. Una de ellas sostiene que esta serie de dones indica dones creacionales, es decir, «inclinaciones inherentes a cada persona, según las cualidades que les concedió el Creador desde su nacimiento».[2] Si la consideramos de esta forma, esta lista de dones es diferente a las listas que aparecen en otras partes del Nuevo Testamento. Los dones mencionados en Romanos provienen del Padre y constituyen nuestra «nuestras cualidades innatas en la vida y en el servicio a Dios», mientras que la lista de dones de Efesios 4 emana del Hijo y describe cargos eclesiásticos, y la lista de dones de 1 Corintios 12 procede del Espíritu y describe las capacidades que nos han sido dadas con poder para «edificar la Iglesia y evangelizar el mundo».[3]

La segunda interpretación considera los dones mencionados en Romanos «como una repetición o complemento de muchos otros mencionados en 1 Corintios 12.12-29 o Efesios 4.11».[4]

Representaré ambas posiciones en las definiciones que siguen, colocando la interpretación de los dones de creación en primer lugar.

Profecía (v. 6): Ya sea (1) la habilidad de aquellos que se les «permite ver la vida desde una perspectiva profética especial, independientemente de la función pública que desempeñen o del uso especial que haga de ellos el Espíritu para proclamar abiertamente una profecía»; o (2) «a la manifestación de una profecía hecha pública diciendo algo que Dios haya puesto en su mente (1 Co 12.10)».[5]

Servicio (v. 7): Ya sea (1) la habilidad de aquellos «cuyos dones especiales los capacita mejor para atender al cuerpo [de Cristo] en sus necesidades materiales», o (2) «a aquellos que prestan cualquier tipo de servicio a los demás en la iglesia».[6]

Enseña (v. 7): Ya sea (1) el don de «aquellos especialmente dotados para escudriñar e instruir en la verdad revelada de la Palabra de Dios, independientemente de la función pública que ejerzan», o (2) «como a los maestros profesionales (Ef 4.11)».[7]

Exhorta (v. 8): Ya sea (1) la habilidad de «aquellas personas cuyos dones innatos los califican para aplicar las verdades de Dios a situaciones particulares alentando a otros» o (2) «a aquellos (como los ministros) que han sido llamados para dedicarse por completo a la atención de la iglesia».[8]

Reparte (v. 8): Ya sea (1) «quienes están dotados para contribuir al sostén emocional o material de otros», o (2) «a los dotados de abundantes medios financieros para apoyar la obra del evangelio».[9]

Preside (v. 8): Ya sea (1) «quien está dotado para orientar en todas las esferas de la vida», o (2) «a aquellos que tienen a su cargo funciones administrativas (1 Co. 12.28)».[10]

El que hace misericordia (v. 8): Define tanto a (1) «quienes poseen el don de una fuerte sensibilidad», o (2) «a aquellos llamados a desempeñar funciones especiales en organismos cristianos de asistencia y ayuda».[11]

 FE VIVA

Sin importar cuál sea el don o la combinación de dones que haya recibido de Dios, ¿cómo está usando lo que tiene? ¿Está usando las capacidades de que ha sido dotado de la manera en que Dios desea, o las está usando para su propio beneficio? Considere este asunto con cuidado, pidiéndole a Dios que le revele las cosas ocultas del corazón, para que de veras pueda ser su fiel siervo para su Iglesia.

LAS EXHORTACIONES DEL AMOR

El amor está en el centro de la vida sacrificial transformada. Es más, una vida sin amor de esa clase es imposible. Aunque la palabra *amor* no aparece en los versículos 9-21, el amor es decididamente el principio orientador (v. 9), el faro que ilumina y dirige nuestras vidas personales (vv. 9,11,12), así como también nuestras relaciones con los demás cristianos y con nuestros adversarios (vv. 10,13-21).

Pablo menciona tres características del amor en el versículo 9. ¿Cuáles son?

        FE VIVA

Revise cada una de las características del amor, luego examínese a la luz de cada una de ellas. ¿Es sincero y consecuente su amor? ¿Se retrae frente a la maldad a la vez que se alegra frente al bien? ¿Está comprometiendo su amor en alguna forma, ya sea flirteando con lo que usted sabe que está mal, o dejando de defender lo que es correcto? Sea transparente delante del Señor. Permítale reorientar cualquiera de sus pasos equivocados y purificar su amor por el amor a su nombre.

Los versículos 9-21 nos ofrecen veinte exhortaciones. Reformule cada una de ellas con sus propias palabras, luego elija las que le resultan más difíciles de obedecer, y anote una o dos cosas que usted puede hacer con la ayuda de la gracia de Dios para que sean parte de su estilo de vida transformado.

EXHORTACIONES DEL AMOR	MIS COMPROMISOS
1.	
2.	
3.	
4.	

5.

6.

7.

8.

9.

10.

11.

12.

13.

14.

15.

16.

17.

18.

19.

20.

 ## ENTRE BASTIDORES

El versículo 20 requiere explicación. A primera vista, aparenta presentar una manera solapada de vengarnos de nuestros enemigos. Todo lo que tenemos que hacer, parece decir el versículo, es mostrarnos particularmente corteses con ellos y a su vez nuestras acciones aumentarán el nivel de la condenación que nuestros enemigos experimentarán a manos de Dios. Si el versículo 20 realmente enseñara esto, estaría contradiciendo el espíritu del contexto total donde aparece. Más bien lo que pretende trasmitir es que debemos proporcionar a nuestros enemigos una oportunidad para arrepentirse y hallar perdón. En otras palabras, al devolver bien por mal, es posible vencer el mal en lugar de perpetuarlo mediante actos de venganza. Después de todo, ¿qué mejor manera de vencer el mal que amando a los que lo practican para que se alejen de él y se entreguen al bien? ¿No es eso lo que Dios el Padre está procurando hacer por medio de su supremo acto de sacrificio y amor, la entrega de su Hijo a nuestro favor, incluso hasta el punto de llegar a la crucifixión?

Vida transformada. Al mundo les parece que los que practican esto son seres de otro planeta. ¿Quién en su sano juicio devolvería bien por un mal cometido contra ellos, o serviría a los demás más que a sí mismo, o pasaría por alto las atracciones del mundo a cambio de unas alegrías intangibles? ¡No tiene sentido! ¿Correcto? Equivocado. Sí que tiene sentido y mucho. Una vez que nos percatamos de que este mundo está perdido, de modo que no puede representar la regla para determinar lo que es correcto y razonable, y una vez que recordamos que sólo Dios es la norma perfecta e inamovible de todo lo bueno y racional, entonces los que siguen su camino son aquellos a los que hay que buscar para saber lo que tiene sentido.

¿Qué camino sigue usted? ¿El del mundo o el de Dios? Seguir a la multitud, conformándose a lo que hacen los demás es fácil. Pero es destructivo, también. Dios tiene una senda que es mucho mejor y más sana para que sigamos. Sí, es más difícil, pero Dios siempre le dará lo que necesite para vivir la vida de la manera que Él quiere.

Vida transformada. Eso es lo que quiero. ¿Y usted?

Lección 11 / Ciudadanía para peregrinos (13.1-14)

La Biblia no quiere que olvidemos que nuestro hogar no está aquí. Somos peregrinos, extranjeros en tierra ajena. Nuestro verdadero hogar, aquel en el que esperamos entrar, es el cielo. Y es allí, dice Pablo, donde radica nuestra ciudadanía (Flp 3.20).

Pero ahí está el problema. No estamos todavía en el cielo; estamos en la tierra. Y aquí tenemos casas, hipotecas, pagamos impuestos, votamos, vamos a la iglesia, adoramos, trabajamos, jugamos y encaramos la vida como ciudadanos de países terrenales. La verdad es que tenemos una ciudadanía doble, y eso significa que tenemos una doble lealtad. Nos guste o no, tenemos compromiso tanto en el cielo como en la tierra. Tenemos otras autoridades a las que responder y no sólo a Dios, y eso crea conflictos, especialmente cuando esas autoridades terrenales, consciente o inconscientemente, van en contra de los valores revelados por Dios y nos ordenan que lo hagamos nosotros también. La historia está repleta de tales ejemplos. Algunos gobiernos han sancionado la esclavitud, el aborto, la idolatría, la homosexualidad, el divorcio por cualquier motivo, el robo, la mentira, el asesinato, la codicia, el genocidio y la destrucción ecológica. ¿Qué deben hacer los cristianos en tales circunstancias? ¿Cuáles son las lealtades que deberían prevalecer? ¿A quién deberíamos obedecer?

Romanos 13 es uno de los pasajes clave que se ocupa de este asunto. Aquí aprenderemos algo de lo que comprende la ciudadanía para los peregrinos: sus beneficios y sus costos, sus defensas y sus peligros, sus problemas y sus soluciones.

EL FUNDAMENTO PARA UNA BUENA CIUDADANÍA

El principio básico para nuestra ciudadanía terrenal está revelado en el versículo 1. Tómese un momento para copiarlo aquí:

¿Quiénes deben someterse al gobierno civil?

¿De dónde obtienen las autoridades gubernamentales su verdadera autoridad para gobernar?

De acuerdo a este versículo, ¿hay alguna autoridad gobernante que derive su autoridad fundamental para gobernar de otra fuente que no sea Dios?

Sin adelantarse a mirar el resto de Romanos 13, ¿cuáles son las implicaciones que emanan del versículo 1?

¿Qué interrogantes plantean estas implicaciones a su propia mente?

¿Cómo relaciona 1 Timoteo 2.1-3 con este pasaje?

EL PRECIO DE LA DESOBEDIENCIA

Como Dios es la autoridad suprema, ¿por qué no ignorar, o aun desobedecer las leyes establecidas por el gobierno civil con el pretexto de que estamos obedeciendo a uno superior, a una autoridad de mayor jerarquía? Pablo nos ofrece cuatro razones para ser buenos ciudadanos, respetuosos de la ley, antes que rebeldes ante el estado.

Razón 1 (v. 2):

Razón 2 (v. 2):

Razón 3 (vv. 3,4):

Razón 4 (v. 5):

PAGO DE LA DEUDA

Por lo tanto, ¿de qué manera viviríamos como peregrinos con ciudadanía terrenal? Pablo resume su respuesta en los versículos 6,7. Vea si puede sintetizarla con sus propias palabras.

RIQUEZA LITERARIA

Tributos (vv. 6,7): Obligaciones monetarias con el estado por concepto de las propiedades personales.
Impuesto [Aduanal] (v. 7): Dinero que se paga al importar y exportar mercancías.
Respeto (v. 7): Reverencia o consideración.
Honra (v. 7): Fidelidad o lealtad.

FE VIVA

Aunque son pocas las personas a las que les gusta pagar impuestos, la admonición bíblica es clara: debemos pagar al estado lo que le corresponde. ¿Es usted fiel en este aspecto?

Además, la Biblia también dice claramente que las autoridades civiles deberían contar con nuestro respeto y lealtad, no sólo el cumplimiento de nuestras obligaciones financieras. ¿Son estas características las que definen su ciudadanía terrenal?

Reflexione sobre estas áreas de su vida a la luz de Romanos 13. Considere lo que pudiera reclamar su arrepentimiento y piense acerca de los cambios que debería hacer. Anote sus análisis a continuación.

INFORMACIÓN ADICIONAL

De Romanos 13.1-7 surgen algunas preguntas importantes con las cuales los cristianos han tenido que luchar durante siglos. Sin tomar partido sobre estos asuntos, he confeccionado una lista de esas preguntas y en algunas oportunidades he citado algunos versículos bíblicos adicionales que podrían ayudarlo en su estudio. Trate de analizar estos asuntos de la manera más objetiva posible, permitiendo que las Escrituras hablen por ellas mismas.

¿Deberían los creyentes tratar de alterar la política y las leyes del gobierno de modo que se adecúen a las normas bíblicas? ¿O deberían apoyar las leyes que permiten que la gente viva y crea de maneras contrarias a la Biblia? (Considere la situación de los cristianos en países donde no hay libertad, no se vota, ni se permite las reuniones públicas. ¿Cómo deberían vivir ante políticas del gobierno que no son bíblicas?)

¿Está bien o mal que el estado apoye la pena capital? Véanse igualmente Génesis 9.6; Éxodo 20.13; 21.12-17,23-25; 22.18-20; Levítico 20.1-21; Juan 8.1-12.

¿Apoya, se opone o permanece neutral Romanos 13 sobre la cuestión de la separación de la iglesia y el estado? ¿Se le ocurren otros pasajes que puedan ayudar a resolver esta cuestión?

¿Es siempre incorrecto resistir la leyes del país? Si no es así, ¿bajo qué condición o condiciones se puede justificar la desobediencia al estado? Véanse Éxodo 1.8-21; 2.11-15; Daniel 3 y 6; Marcos 12.13-17; Hechos 4.1-31; 5.12-42; 16.35-40; Tito 3.1; 1 Pedro 2.13-17.

Si la desobediencia civil es permisible, ¿es correcto luchar por eludir el castigo del estado cuando se violan sus leyes? Para estas preguntas es posible que necesite consultar de nuevo los pasajes señalados anteriormente.

¿Qué formas de desobediencia civil, si son permisibles, serían aceptables? ¿Protestas pacíficas? ¿Manifestaciones? ¿Negarse a pagar impuestos? ¿Resistencia armada? ¿Traición? ¿Engaño? Mientras reflexiona sobre estas cosas, tenga en mente algunos conflictos históricos reales, tales como las revoluciones por la independencia de ciertos países, o las guerras civiles, así como también las tentativas de proteger a los judíos perseguidos bajo el régimen de Hitler, o las demostraciones de los grupos pro vida en contra de las clínicas de aborto. Basándose en su comprensión de las Escrituras, ¿cuál sería una respuesta cristiana ante tales conflictos?

¿Apoya la Biblia un tipo determinado de gobierno (democrático, monárquico, socialista)? ¿Entra en colisión en alguna medida el tipo de gobierno bajo el cual vive el cristiano con lo que Pablo dice en Romanos 13? Apoye sus respuestas tanto como le sea posible con las Escrituras.

LA ANTIGUA DEUDA DE AMOR

Pablo se vuelve ahora de nuestra relación con las autoridades civiles que nos gobiernan, a nuestras relaciones interpersonales dentro y fuera del cuerpo de Cristo.

¿Cuál es la única característica que debería saturar todas nuestras relaciones? (v. 8)

¿Cómo defiende Pablo bíblicamente esta afirmación? (vv. 8-10). Resuma su argumento.

FE VIVA

¿Podría decir que el amor es el sello que caracteriza todas sus relaciones interpersonales? ¿Es esa la única deuda no económica que intenta pagar a los demás? ¿O a veces les paga con heridas, insinceridad, deslealtad, hipocrecía u otras acciones carentes de amor?

Hagamos un inventario. Use el cuadro siguiente como ayuda para evaluar sus relaciones bajo la norma del amor incondicional. Ponga «Alto», si su relación es casi siempre muy afectuosa. «Mediano», si por lo general es afectuosa. «Bajo», si el amor todavía existe pero le resulta muy difícil y rara vez lo expresa, y «Desaparecido en acción», si no se registra amor alguno. ¿Cómo está su puntuación?

MIS RELACIONES	MI NIVEL DE AMOR			
	Alto	Mediano	Bajo	Desaparecido en acción
Cónyuge				
Hijos				
Madre				
Padre				
Amigos				
Compañeros de trabajo				
Familia de la iglesia				
Vecinos				
Extraños				

Ahora analice sus respuestas y piense en algún paso que pueda dar esta semana para mejorar el nivel de amor en cada una de esas relaciones en las que su puntuación entra en las categorías de «Bajo» o «Desaparecido en acción».

¡HAGA SONAR LA ALARMA!

Pablo termina Romanos 13 con una llamada de alerta. Ahora no es el momento de ser perezosos ni complacientes; de vivir como si estuviéramos en un barco que se hunde que no exige o no necesita nada de nosotros. A pesar de toda la tenebrosidad del pecado que nos rodea, Pablo nos desafía a vivir de una manera segura. Lea los versículos 11-14; luego conteste las preguntas que siguen.

¿Qué deberíamos despojar de nuestras vidas?

¿Con qué deberíamos revestirnos?

¿Por qué deberíamos prestar atención al llamado de Pablo?

Cuando Pablo dice que «ahora *está* más cerca de nosotros nuestra salvación que cuando creímos» y que «se acerca el día», ¿qué quiere decir? ¿A qué se refiere? Véanse también Marcos 13.28-37; Romanos 8.22,23; Hebreos 9.28; Santiago 5.7-9; 1 Pedro 1.3-9.

 ## FE VIVA

Pablo ha hecho sonar la alarma. ¿La escuchó usted? ¿Vive con la expectativa del regreso de Cristo? ¿Estará complacido con su compromiso de vida hacia Él? ¿Lo encontrará revestido de Él, o recubierto de usted mismo? Anote sus conclusiones abajo. Conviértalas en una oración de confesión, de súplica y de alabanza a Dios. Luego tenga la seguridad de que Él responderá. Siempre responde a los de corazón humilde.

Lección 12 / Amor que libera (14.1—15.13)

Si quiere encender una chispa en alguna reunión de cristianos, exprese una opinión acerca de la posibilidad de ingerir bebidas alcohólicas, o jugar por dinero, o fumar, o celebrar la víspera de Todos los Santos, o escuchar música *rock*, o bailar, o ver películas clasificadas como reservadas, o pertenecer a este o aquel partido político y seguir llamándose cristiano. O si quiere, podría ir más allá de estas cuestiones sociales a otras más teológicas tales como si el regreso de Cristo será antes, simultáneamente con, o después del Rapto de la Iglesia, o si en realidad habrá tal Rapto o no, o si el lavamiento de pies debería considerarse un sacramento, o si los nuevos creyentes deberían ser bautizados por inmersión, por aspersión, o por derramamiento de agua sobre ellos, o qué instrumentos musicales están permitidos en un servicio de adoración, o si las mujeres pueden ser diaconisas, o ancianas, o predicadoras. Plantee cualquiera de estos temas, o cualquier cantidad de temas parecidos, y observe lo que pasa. La conversación podrá empezar con cierta cortesía, pero pronto advertirá señales de desacuerdos profundos, a veces incluso de hostilidad. ¿Escucha los comentarios?

- En realidad no crees eso, ¿verdad?
- ¡En la Primera Iglesia de _____ [llene usted el espacio], jamás permitiríamos eso!
- Conocí a alguien que pensaba de esa forma, pero ellos también se divorciaron y uno de sus hijos entró en la droga. Eso es lo que ocurre cuando uno se vuelve liberal.
- ¡El infierno está lleno de gente que piensa como usted!
- Usted puede pensar así si quiere; estamos en una país libre. Ah, de paso, ¿alguna vez ha aceptado a Jesús como su Salvador?
- Usted debería concertar una entrevista con mi pastor. Él le va a explicar cómo es esta cuestión. Tiene versículos bíblicos para todo.

Con tanto que tienen los cristianos en común, es totalmente asombroso comprobar las cosas por las que se pueden pelear, y hasta dividir iglesias por causa de ellas. Es de lamentar que este hábito no sea nada nuevo. Ha estado presente en la Iglesia desde sus inicios. Y en aquellos primeros días Dios le dio a su pueblo una manera de enfrentar estas cuestiones de modo que no se volvieran factores divisivos. ¿Su plan? *El amor que libera*. Este se describe en detalle en Romanos 14.1—15.13, donde se describe a dos grupos que estaban en desacuerdo entre sí sobre dos áreas de preocupación. De modo que mantengamos la mente abierta, echando a un lado nuestras diferencias para poder escuchar lo que Él tiene que decirnos. No tenemos nada que perder, salvo, naturalmente, las mezquinas peleas, las disputas internas, los prejuicios, la intolerancia y la opinión del mundo de que no tenemos nada valioso que ofrecer.

LAS FACCIONES, LOS PROBLEMAS, LAS CONSECUENCIAS

Comenzaremos con un visión de conjunto. Lea Romanos 14.1—15.13; luego conteste las siguientes preguntas.

¿Cuáles eran las dos facciones?

¿Cuáles son los dos problemas en disputa?

¿Considera Pablo que ambos grupos son cristianos? Justifique su respuesta.

¿Qué se hacían mutuamente ambos grupos? (14.3,10,13,15,16,21)

¿Qué consecuencias estaba teniendo su disputa para la obra de Dios? (14.20)

Sobre todo, ¿cuál es el consejo de Pablo para estas facciones en conflicto?

 ## ENTRE BASTIDORES

Usted quizás haya notado que Pablo no da muchos detalles acerca de la naturaleza de esta disputa en esta comunidad de la Roma del primer siglo. Por el texto sabemos que se trataba de diferencias de opinión sinceras sobre dietas y días especiales (14.3,5), pero aparte de eso la información es muy escasa. Tal vez era por la composición de la iglesia romana, tanto de gentiles como de judíos, estuvieran disputando sobre si mantener los días de fiesta sagrados y las dietas especiales propias de los judíos. O quizás había personas a quienes no les importaba comer la carne que había sido sacrificada a los ídolos, o tratar el sábado —el *sabat* judío— como cualquier otro día de la semana, mientras que otros se mostraban inflexibles en comer lo que era un tabú para ellos, lo sacrificado a los ídolos, y que el *sabat* tradicional debía seguir guardándose como un día especial de descanso y adoración. Cualquiera que sean las especificaciones, una cosa está clara: estos grupos se estaban dividiendo por cuestiones no esenciales, asuntos que no eran críticos para las creencias y prácticas cristianas, y que sus discusiones estaban causando daño al cuerpo y a la causa de Cristo. Eso era lo suficiente importante como para que el Espíritu de Dios inspirara a Pablo esas palabras de reproche, corrección y exhortación.

PAUTAS PARA PRESERVAR LA UNIDAD

Pablo ofrece consejos prácticos y permanentes acerca de la manera en que los creyentes pueden mantenerse en armonía, aun cuando tengan diferentes opiniones sobre creencias y prácticas importantes, pero no esenciales.

¿Por qué deberíamos evitar juzgar a otros creyentes sobre «cuestiones dudosas» (14.1), creencias y prácticas que ni se prohíben ni ser exigen en las Escrituras?

14.3

14.4

14.7-12

¿Hay alguna cosa creada que sea realmente tabú? (v. 14; cf. 1 Co 10.25,26; Tit 1.15)

¿Cómo los creyentes más fuertes deberían tratar a sus hermanos más débiles que piensan que ciertas cosas están prohibidas aun cuando no lo están?

14.21

15.1,2

¿Por qué deberían los creyentes más fuertes tratar de esta manera a los más débiles?

14.15

14.17-19

14.20

15.3

Al comportarse de esta forma, ¿capitulan los cristianos más fuertes ante las creencias equivocadas de los más débiles, incluso su sello de aprobación sobre esas opiniones? Explique su respuesta.

Cuando no estamos seguros si algo está bien o mal, ¿qué deberíamos hacer? (14.22,23)

¡PRESERVEMOS LA UNIDAD!

Lo fundamental de todo esto es la preservación de la unidad en la familia de la fe. Pablo subraya, ilustra y sostiene este punto en 15.5-12, y luego lo cubre con una oración en el versículo 13. Observemos más detenidamente lo que dice.

Unidad significa «un mismo sentir» (v. 5). ¿Significa esto que los cristianos deben siempre creer y hacer las mismas cosas? Si o no, ¿por qué? Procure justificar su respuesta con Romanos 14 y 15.

¿Cuál es el papel de Dios en este proceso unificador? (v. 5)

¿Cuál es nuestro papel? (v. 7)

¿Qué papel ha representado Jesús en cuanto a la colocación del fundamento para la unidad cristiana? (vv. 8-12)

¿Qué cualidades de Dios menciona Pablo? (v. 5) ¿Por qué cree usted que elige estas en especial?

¿Cuál es la meta final de la unidad? (v. 6)

¿Qué hace de la oración del versículo 13 una conclusión apta para toda esta discusión sobre el divisionismo y la unidad del cuerpo de Cristo?

 FE VIVA

Antes de seguir adelante, pídale al Señor que lo ayude a volverse más maduro en la fe en aquellas áreas en las que todavía puede ser débil. Pídale también que le muestre cuándo y de qué manera debe apoyar a los hermanos más débiles en la fe impulsado por el amor que libera. Ambas peticiones están dentro de la voluntad de Dios, por eso, sin lugar a dudas, le contestará.

Lección 13 / Nuevamente en camino (15.14-33)

Si usted es un ser humano, quizás haya hecho al menos un viaje en su vida. Tal vez fue a un ciudad cercana o al otro extremo de su provincia. O a lo mejor realizó un viaje más largo cruzando los límites de varias provincias, o incluso viajó fuera de su país. Puede haberlo hecho en automóvil, en ómnibus, en tren o haber sorteado las experiencias de andar por tierra, para hacerlo por mar o por aire. No importa dónde haya ido o cómo haya viajado, probablemente el viaje fue memorable y con toda seguridad resultó más cómodo que la forma de viajar en tiempos del Nuevo Testamento.

Imagine que está en la región mediterránea durante el primer siglo. Aunque en ocasiones tenga acceso a algunas de las carreteras más anchas, mejor construidas y bien empedradas de los romanos, la mayoría de sus viajes por tierra transcurren por caminos que se parecen a los de los pioneros que iban en busca de nuevas fronteras cruzando montañas y llanuras en el continente americano. Hasta los modernos *jeeps* tendrían dificultades para recorrer hoy en día aquellos caminos. Por eso, en gran parte tiene que caminar.

Ahora supongamos que decide planear un largo viaje, comenzando en Jerusalén, viajando hacia el noroeste pasando por la actual Turquía y encaminándose a la Grecia de nuestros días, a Atenas y Corinto. Luego, desde allí, querrá tomar un barco hacia el este para cruzar el extremo sur del mar Egeo y llegar a Éfeso, continuar luego su viaje por mar, navegando hacia Cesarea en el sureste, la capital de Palestina en el primer siglo, para llegar de nuevo a Jerusalén por tierra. Todo el viaje cubre más de dos mil ochocientas millas. ¿Qué tendría que prever?

En primer lugar, deberá prepararse para un viaje sumamente lento y largo. En un carro o en una carreta, que sólo podrá usar de vez en cuando, alcanzará a cubrir unas veinticinco millas por día, y eso si se encuentra en una de las buenas carreteras romanas. A pie, que es la manera en que tal vez tenga que viajar la mayor parte del tiempo, podrá cubrir alrededor de quince millas diarias. Si logra conseguir un burro, podrá aumentar la distancia viajada a unas veinte millas diarias. Si es muy afortunado y puede valerse de un dromedario (parecido al camello que se desplaza a una velocidad inusual, especialmente criado y preparado para montar), avanzará mucho más rápido, a unas setenta millas por día, pero tendrá que abandonarlo cuando llegue a lugares montañosos y ásperos. Los viajes por mar serán mucho mejores, porque le permitirán hacer unas cincuenta y cinco millas náuticas por día, pero no podrá tener esa ventaja sino en el último tramo del viaje. Además, tendrá que asegurarse de que su viaje por mar sea entre fines de mayo y mediados de septiembre. Además, no tendrá seguridad en el viaje en ninguna otra época del año debido a las severas tormentas invernales que hacen que dichos viajes resulten en extremo peligrosos.

En segundo lugar, tendrá que prepararse para enfrentarse a estafadores y bandoleros de todo tipo. Pueden reconocer a un turista casi de inmediato y no tienen compasión alguna.

En tercer lugar, debido a la escasez de lugares para que los viajeros se hospeden, será mejor que tenga un buen número de familiares, amigos y amigos de amigos diseminados a lo largo de la ruta por la que se propone viajar, para que disponga de un plato comida caliente y un techo por lo menos en algunas ocasiones.

Al final, deberá prepararse para todo tipo de condiciones meteorológicas. Dados los diferentes tipos de territorio y clima a los que se enfrentará durante sus meses de viaje, tiene que contar con que se va a encontrar con calor abrasador, frío cortante y casi todos los demás en medio.[1]

¿Le parece placentero? Sin embargo, son sólo algunas de las consideraciones que Pablo debía hacer durante sus viajes misioneros. En efecto, el viaje de ida y vuelta entre Jerusalén y Corinto que usted acaba de programar es la ruta que Pablo siguió durante su segundo viaje misionero. Y por cierto que no fue nada agradable.

Al llegar al final de su larga carta a los creyentes de Roma, Pablo les cuenta sobre sus próximos planes de viaje, incluyendo su deseo de ir a verlos. A pesar de las penurias de cada viaje, Pablo estaba dispuesto a partir de nuevo, pero quiere que los cristianos de Roma sepan por qué lo hace, que comprendan lo que Dios ha hecho por medio de él, y al mismo tiempo solicitar su apoyo. Lo que dice en estos pocos versículos nos revela muchísimas cosas, en relación con nuestras motivaciones, nuestros ministerios, nuestra disposición para el sacrificio, nuestros valores, si es que estamos dispuestos a escuchar.

PALABRAS DE RECOMPENSA

A través del libro de Romanos, Pablo ha desplegado el contenido del mensaje del evangelio, ha respondido a las objeciones al mismo, ha corregido interpretaciones equivocadas y lo ha aplicado. Si no hubiera dicho nada más, sus lectores originales, y todos los lectores posteriores, quizás habrían imaginado que se ocupó de estos temas porque pensaba que los cristianos de Roma no comprendían el evangelio lo suficientemente bien como para exponerlo y defenderlo, en especial frente a los que amenazaban con desvirtuarlo a causa del legalismo o del libertinaje. Pero en 15.14, Pablo echa por tierra esta suposición. Expresa su confianza en los creyentes del primer siglo mediante la mención de tres verdades acerca de ellos. ¿Cuáles son?

RIQUEZA LITERARIA

Bondad (v. 14): «Beneficencia, benevolencia, virtud dispuesta para la acción, una propensión abundante tanto para desear como para hacer lo que es bueno, bondad intrínseca que produce una generosidad y un estado de ánimo [piadoso]».[2]

Llenos de todo conocimiento (v. 14): Una comprensión amplia de lo que se espera de los creyentes.[3]

Amonestaros (v. 14): Aconsejar o advertir. (El objetivo es ganar al que escucha por medio de la persuasión, no alienándolo con una actitud de arrogancia.)

FE VIVA

¿Cuáles de las siguientes características se le podrían atribuir a usted? En una escala de 1 a 5, donde 1 indica sólo indicios menores de estas características y 5 indica la presencia permanente de ellas en su vida, ¿cómo se autocalificaría?

	1	2	3	4	5
<u>Bondad</u>					
<u>Conocimiento</u>					
<u>Capacidad para amonestar</u>					

¿Cuáles son algunos de los pasos que puede dar para comenzar a acercar su calificación al nivel 5? No ignore que necesita la ayuda de Dios para lograrlo.

Con una valoración tan alta de estos creyentes, ¿por qué les escribió Pablo tan extensamente acerca del evangelio? (vv. 15,16)

 ## FE VIVA

Piense en lo que ya hemos recorrido en nuestro estudio de Romanos. ¿Qué sabía ya acerca del evangelio que hemos abarcado aquí? ¿Cómo lo ayudó recordarlo ahora? En otras palabras, ¿cuáles son algunas de las verdades que le llegaron de una manera nueva, con poder transformador en su vida? Anote sus conclusiones en este cuadro.

VERDADES RECORDADAS	APLICACIÓN RENOVADA

¿Observó en el versículo 16 que Pablo no tuvo ningún problema para expresar cuál era lo central de su ministerio? Sabía a qué lo había llamado Dios. ¿Y usted sabe el suyo? Si es así, anótelo aquí como recordatorio y afirmación de su llamado. Si no sabe qué ministerio Dios le tiene preparado, acuda a Él en oración y pídale que el Espíritu Santo se lo revele. Asegúrese de que en realidad quiere saberlo y manténgase dispuesto a recibir lo que Él le tenga preparado.

CUANDO EL ÉXITO PRODUCE HUMILDAD

Es probable que Pablo haya sido el más grande misionero de la historia de la Iglesia. Y aunque sabía que había logrado hacer mucho, siempre fue cuidadoso de decir a quién se lo debía. Aun cuando llegó a la cima del éxito, la humildad jamás se apartó de su lado.

¿A quién reconoce Pablo el mérito de sus esfuerzos evangelísticos, y qué indicaciones tiene de que esa Persona que obraba por medio de él? (vv. 17-19)

 RIQUEZA LITERARIA

Señales y prodigios (v. 19): «Servían para acreditar al mensajero de Dios y convalidar el mensaje que traía» (Hch 2.22; 5.12; 2 Co 12.12).

Ilírico (v. 19): Provincia romana al noroeste de Macedonia, quizás donde más cerca Pablo había podido llegar en sus viajes hasta ese momento a Roma, Italia.[4]

FE VIVA

¿Cómo controla el éxito? Cuando sabe que Dios ha obrado a través de usted, cuando ve evidencias de su presencia y poder, ¿le da a Él el mérito o trata de posesionarse del escenario y robarle la función?

¿Puede gloriarse en Dios antes que en sí mismo?

¿Por qué Pablo decidió predicar el evangelio a aquellos que no habían oído antes acerca de Cristo Jesús? (vv. 20,21)

El hecho de que Pablo decidió viajar hacia donde nadie antes había llevado el evangelio, ¿significa que todos nuestros esfuerzos evangelísticos deberían encaminarse de la misma manera? ¿Deberíamos ir sólo a países, ciudades, tribus, etc., que nunca han oído el evangelio? Si no, ¿por qué?

FE VIVA

No todos son llamados a hacer lo que hizo Pablo, pero todos somos llamados a representar algún papel en la extensión de las buenas nuevas de salvación en Cristo Jesús (Mt 28.18-20). ¿Qué papel representa usted?

Si no está comprometido con ningún tipo de esfuerzo evangelístico en este momento, ¿qué necesitaría para hacerlo?

Pídale al Señor que elimine los obstáculos que le impiden llegar a otros con el evangelio. Estará gozoso de poder hacerlo.

EL VIAJE INDIRECTO A ESPAÑA

En los versículos finales de Romanos 15, Pablo expone sus planes de viaje. Pero no contienen un simple itinerario. Van mucho más allá, y nos muestran la compasión, la dedicación, la interdependencia, los temores y los sinceros anhelos de un hombre de Dios.

¿Qué le había impedido a Pablo cumplir su deseo de ir a Roma? (v. 22; cf. v. 20).

Teniendo en cuenta el porqué Pablo no había viajado a Roma todavía, ¿por qué cree que planeaba ir a España? (vv. 24,28)

¿Por qué dijo que quería pasar un tiempo en Roma durante su viaje hacia el extremo oeste? (vv. 24,32; cf. 1.15)

A pesar de lo mucho que Pablo deseaba ir a Roma y España, y a pesar de estar ya bastante cerca de dichos destinos, dijo que primeramente viajaría en dirección opuesta para llegar a Jerusalén.

¿Por qué quiso desviarse tanto de su camino? ¿Qué deseaba hacer allí, y por qué era tan importante? (15.25-28).

Pablo estaba decidido a ir a Jerusalén, pero también sentía temor de dirigirse allí. ¿Por qué? (vv. 30,31)

INFORMACIÓN ADICIONAL

Otros pasajes del Nuevo Testamento muestran que los temores de Pablo estaban bien justificados. Por cierto que ya había tenido problemas con judíos religiosos incrédulos y con ciertos grupos de la iglesia primitiva; sabía que estos grupos volverían a presentarse cuando volviera a Jerusalén, y que le causarían dificultades y que lo mandarían a Roma de un modo que nunca había esperado ir. Leyendo los pasajes siguientes usted podrá verificar lo que le pasó a Pablo, y ver de qué manera Dios usó estos acontecimientos para difundir las buenas noticias acerca de su Hijo.

* Las dificultades que Pablo experimentó a manos de estos grupos antes de escribir Romanos y antes de salir de Corinto: Hechos 9.20-30; 13.42-51; 14.1-6,19,20; 15.1-29; 17.1-15; 18.1-17.
* Lo que Pablo debió afrontar a causa de estos grupos después de dejar Corinto y de haber escrito Romanos; además, cómo todo esto condujo a su viaje a Roma como prisionero: Hechos 19.1-20; 20.1-3,17-37; 21.3-28.31.

ENTRE BASTIDORES

Conocemos, gracias a los últimos capítulos de Hechos, que Pablo logró ir de Jerusalén a Roma, pero como prisionero del Imperio Romano. ¿Pero logró llegar a España? Los estudiosos de la Biblia no están de acuerdo en esto. Algunos piensan que Pablo fue ejecutado alrededor de dos años después del período de prisión que se registra en Hechos. Otros estudiosos creen que algún tiempo después de estar en la prisión de Roma quedó libre, luego viajó a España y predicó el evangelio tal como lo había deseado, hasta que más tarde terminó de nuevo en Roma como prisionero y allí fue ejecutado. La prueba primaria que ofrecen para llegar a esta con-

clusión proviene de una carta escrita por un cristiano de Roma
del primer siglo llamado Clemente.

UNA BENDICIÓN

Pablo sabía que le esperaban problemas en Jerusalén, pero eso
no fue un obstáculo, tampoco permitió que ese temor agriara su
ministerio. Deseaba lo mejor para aquellos a quienes servía, de
modo que cerró Romanos 15 con una bendición: «Y el Dios de paz
sea con todos vosotros. Amén» (v. 33). Se necesita mucho coraje y
carácter para enfrentar la adversidad de esa manera, y el único que
puede prepararnos para ello es nuestro Padre celestial, obrando
por medio de su Hijo y su Espíritu.

Si en la actualidad está transitando por caminos ásperos, o si
sabe que en un recodo del camino hay dificultades agazapadas, no
trate de encararlas solo. Invite al Dios de paz a acudir a su lado
como compañero de viaje. Es posible que no lo libre de las dificultades, pero le dará fuerzas para enfrentar la adversidad con un
carácter semejante al de Cristo y con poder dirigido por el Espíritu.
Lo mismo que Pablo, podrá seguir adelante a pesar de cualquier
daño que otros quieran ocasionarle.

De modo que siga con Dios, y que Él le dé paz en medio de
cualquier cosa que espere en lo adelante.

Lección 14 / Saludos a la familia de Dios
(16.1-27)

«Lo hice yo mismo. No recibí ayuda de nadie. Me las arreglé solo. Hice una gran obra yo solo. Mi éxito es simplemente eso: sólo mío. No le pertenece a nadie más que a mí».

¿Le suena egocéntrico? Efectivamente, lo es. ¿Suena egoísta? Acertó otra vez. Pero peor que eso; sencillamente no es verdad, y no lo es para nadie. No existe un solo ser humano, no lo ha habido ni lo habrá, que no haya contado con la ayuda de alguien en determinado momento para hacer algo. Venimos a este mundo con la ayuda de otros y pasamos por este mundo con la ayuda de otros. Somos personas dependientes, nos guste o no, lo admitamos o no.

El apóstol Pablo lo sabía. Y debemos darle el mérito no sólo porque lo sabía, sino porque se regocijaba en ese hecho. Amaba a la gente de la cual dependía. Constituían su familia, seres queridos de incalculable valor por lo que eran y por lo que hacían. Consideraba que merecían la honra y el respeto, en especial de otros hermanos en la fe. Los cristianos deberían abrazarse unos a otros y apoyarse mutuamente como miembros de una misma familia. Pablo lo hacía y esperaba que otros creyentes hicieran lo mismo.

Pablo dedica la mayor parte del capítulo final de Romanos a saludar a diversos miembros de la familia de Dios en Roma (16.3-15), y a mandar saludos a todos los cristianos romanos de parte de los creyentes que estaban con él, ayudándolo con el ministerio (vv. 21-23). A medida que recorramos estos versículos finales, podríamos recordar a todos aquellos que nos han ayudado por la senda, y renovar nuestra estimación por ellos.

UNA VISIÓN GENERAL DE LOS DETALLES

Algunas personas recuerdan nombres, pero no rostros, mientras que otros tienen rostros grabados en la mente, pero no pueden por nada del mundo recordar nombres. Sin embargo, tal parece que Pablo recordaba muchos nombres y rostros. Personas que había conocido, con las que había trabajado, a quienes había ayudado y quienes le habían brindado amistad eran personas a las que jamás olvidaría, no importa cuán lejos estuvieran de él. De modo que tratemos de conocer a algunas de esas personas a través de los ojos de Pablo.

En el cuadro de abajo, enumere los individuos, las familias o los grupos mencionados por Pablo, los títulos descriptivos que les adjudica (tales como *parientes* o *escogido en el Señor*) y las palabras que usa para acogerlos (por ejemplo, *saludad* u *os recomiendo*).

EL CÍRCULO FAMILIAR DE PABLO

NOMBRES	TÍTULOS	PALABRAS DE SALUDO

¿Cuántas persona menciona Pablo en este capítulo?

¿Por qué es significativo mencionar a alguien por nombre?

 ## FE VIVA

¿Quiénes son algunas de las personas significativas en su vida? Sabe, las que en realidad lo impactaron para bien, las que lo han moldeado, que han sido ejemplos de fe, hombría o femineidad, que intervinieron en su vida para bien, que se mantuvieron a su lado a pesar de todo, o lo reprendieron cuando nadie más tuvo el coraje de hacerlo. Algunos de ellos posiblemente ya pasaron de esta vida; otros quizás se han mudado; varios pueden estar todavía a su lado. Haga una lista aquí; luego, en los días subsiguientes, decida de qué manera le gustaría agradecerles por lo que han hecho por usted. Después llévelo a cabo con amor y profunda gratitud. Es posible que algunos se sorprendan y sin duda usted hará que se sientan honrados y apreciados.

MI FAMILIA DE FIELES

SUS NOMBRES	MI REGALO DE GRATITUD

Remitiéndonos al gráfico de la «familia» de Pablo, ¿qué diría usted que hizo un verdadero impacto en Pablo? ¿La posición de las personas en la vida? ¿La cantidad de dinero que tenían? ¿La clase de ropa que vestían? ¿Con quiénes se vinculaban? ¿Lo que hacían para ganarse la vida? ¿O qué?

FE VIVA

¿Qué es lo que le impresiona de otros? Otra manera de preguntar esto mismo es, ¿de qué manera evalúa a las personas? ¿Cuáles son sus criterios? Esto le revelará mucho acerca de lo que usted considera importante.

¿Qué resultados hay en la comparación de su lista con la de Pablo? ¿Advierte algunos lugares en los que puede haber equivocado su valoración? ¿De qué manera debería modificarlos? En otras palabras, ¿cuáles serían las normas bíblicas más adecuadas para decidir lo que de verdad cuenta y lo que no cuenta cuando se trata de las personas?

LA SALA DE ESTIMACIÓN DE PABLO

Ahora que hemos obtenido una visión general, ocupémonos más de los detalles específicos comenzando con los versículos 1-16, luego saltando a los versículos 21-24. (Volveremos para ocuparnos más adelante de los versículos 17-20 y 25-27.)

ENTRE BASTIDORES

Como Pablo admite no haber estado nunca en Roma y no obstante pareciera conocer a tantas personas allí, es razonable que nos preguntemos de qué manera llegó a conocer a dichas personas. El comentarista bíblico John Witmer proporciona una buena explicación. Dice que Roma, la ciudad capital, atraía a personas de todas partes del imperio. Aunque

Pablo no había visitado Roma, había estado en muchas otras ciudades populosas, tales como Jerusalén, Corinto, Filipos, Atenas y Éfeso, y de esa manera debió haber conocido a muchos viajeros pertenecientes a la sociedad romana. Witner observa la obvia preocupación de Pablo por las personas, lo cual se hace evidente en el hecho de que se mantenía enterado de los lugares donde se encontraban sus amigos.[1]

Como lo son todas las personas nombradas en Romanos 16, Febe es cristiana. ¿Qué dice Pablo de ella que refleja este hecho? (vv. 1,2)

¿Por qué la recomienda a los cristianos en Roma? (vv. 1,2)

 RIQUEZA LITERARIA

Febe (v. 1): Su nombre significa «pura o radiante como la luna». Servía a la iglesia de Cencrea, una ciudad pobre a pocas millas al este de Corinto. Probablemente llevó la carta a los Romanos para entregarla a la iglesia en Roma, lo cual explicaría por qué Pablo la «recomienda» a los cristianos del lugar.

Diaconisa (v. 1): Esta palabra puede traducirse «siervo», «servidor», «sirviente» (Mc 9.35; Jn 2.5,9; Ro 13.4; 15.8), o «ministro»; o también: «Diaconisa (como en Flp 1.1; 1 Ti 3.8,12), [lo cual sugiere] que Febe ocupaba una posición reconocida en la iglesia de Cencrea. [Algunos se oponen a esta interpretación porque] los requerimientos de 1 Timoteo 3.12 hacen difícil que Febe [o cualquier otra mujer] haya ocupado el oficio de diácono. No parece existir en el NT una disposición firme contra el desempeño por las mujeres de funciones ministeriales destacadas».[2]

Ha ayudado (v. 2): Esta expresión podría querer decir que Febe no sólo respaldaba sino que aportaba los fondos para causas nobles.[3]

Junto con Febe, Pablo tiene palabras de recomendación extensivas a Priscila y Aquila, un equipo constituido por marido y mujer

(vv. 3-5). ¿Qué hicieron por él? Para contestar esto acuda a Hechos 18.1-3,18,19,24-28; 19.1.

 ## ENTRE BASTIDORES

Aunque el Nuevo Testamento nunca dice explícitamente cuándo y de qué manera Priscila y Aquila arriesgaron sus vidas por Pablo, la ocasión bien puede haber sido cuando Pablo se encontraba en Éfeso y estalló un tumulto como reacción a su ministerio (Hch 19). Es cierto que su vida estuvo en peligro allí (1 Co 16.8,9; 2 Co 1.8-10), y sabemos por otros pasajes que este equipo de marido y mujer estuvo con Pablo poco antes de que ocurriera este incidente (1 Co 16.8,19).

Febe y Priscila no son las únicas mujeres mencionadas en Romanos 16. Entre otros nombres Pablo menciona a María (v. 6), Trifena y Trifosa (v. 12), Pérsida (v. 12), la madre de Rufo (v. 13) y la hermana de Nereo (v. 15). Junias (v. 7) y Julia (v. 15) también podrían ser mujeres. El solo hecho de que mencione a tantas mujeres es increíble, dada la muy baja posición social que tenían estas en el mundo romano del primer siglo. Pero observe, igualmente, lo que dice de ellas. ¿Qué le indica eso, no sólo en cuanto a la actitud de aprecio de la mujer por parte de Pablo, sino por parte de Dios también?

 ## INFORMACIÓN ADICIONAL

¿Observó que después de mencionar a la madre de Rufo Pablo agrega que ella es «su» madre también (v. 13)? Pablo no quiere decir que sea su madre biológica sino que experimentó su cuidado maternal. Filipenses 3.8 deja bien claro que Pablo sufrió una gran pérdida al aceptar a Cristo, así como también por su dedicación a su causa. Si una de las pérdidas que Pablo sufrió fue el abandono de su propia familia debido a su conversión cristiana, quizás la madre de Rufo percibió su soledad y pena, y haya hecho algo por consolarlo. Cualquiera que haya sido la ocasión en que ministró a Pablo, era obvio que estaba muy agradecido por su servicio.

 ## RIQUEZA LITERARIA

Ósculo santo (v. 16): Un saludo que tenía el propósito de lograr intimidad y afecto espirituales entre los cristianos. Por lo general consistía en un beso en la mejilla o en la frente.

¿Cuál diría usted que es el paralelo social de nuestra cultura para el saludo con el ósculo santo del primer siglo?

Si vamos a los versículos 21-24, encontramos a otras ocho personas que Pablo distinguió con una mención honorable. Sabemos bastante acerca de Timoteo (v. 21), quien se convirtió y fue discipulado bajo el ministerio de Pablo (Hch 16.1-3). Pablo también le escribió dos cartas a él, ambas preservadas en el Nuevo Testamento como 1 y 2 Timoteo.

 ## INFORMACIÓN ADICIONAL

Para aprender más sobre Timoteo y su relación con Pablo, lea 1 y 2 Timoteo. Son cortas pero llenas de contenido, muy prácticas y orientadas hacia el ministerio.

Con relación a Lucio, Jasón y Sosípater, no sabemos casi nada (Ro 16.21). Lucio podría ser el mencionado en Hechos 13.1, Jasón quizás sea la persona que brindó hospitalidad a Pablo y a sus dos ayudantes en Tesalónica (Hch 17.5), y Sosípater el Sópater mencionado en Hechos 20.4, pero ninguna de estas identificaciones es totalmente segura. Todo lo que en realidad sabemos acerca de estos tres hombres es que formaban parte del equipo de Pablo en Corinto.

Tercio actuaba como secretario de Pablo y, en efecto, escribió la carta mientras Pablo se la dictaba (Ro 16.22).

Gayo brindó su hospitalidad a Pablo y a la joven iglesia de Corinto (v. 23). Hay una fuerte tendencia a identificar a este Gayo con Ticio Justo, el hombre que ayudó a establecer la iglesia en Corinto (Hch 18.7-11). Si se trata de la misma persona, su nombre completo sería Gayo Ticio Justo, lo cual concordaría con la costumbre entre los romanos de tener tres nombres.[4]

¿Cómo describe Pablo a Erasto? (Ro 16.23)

ENTRE BASTIDORES

Las excavaciones arqueológicas han proporcionado un fuerte vínculo entre este Erasto y un oficial civil del mismo nombre. Un Erasto que fue comisionado de Obras Públicas en la ciudad de Corinto durante el primer siglo costeó un tramo del empedrado e hizo inscribir su nombre en uno de los bloques del empedrado. Si este Erasto es el mismo que menciona Pablo en Romanos, muy poco después de escribir la carta Erasto se habría convertido en el tesorero de Corinto.[5]

La última persona nombrada por Pablo, Cuarto, puede haber sido el hermano carnal de Tercio. Significa, justamente, «cuarta parte», así como «Tercio» significa «tercera parte». Quizás recibieron estos nombres porque Tercio nació en tercer término y su hermano en cuarto lugar. Sus nombres también pueden indicar que eran esclavos. En el Imperio Romano se solía dar números a los esclavos para identificarlos. Es posible que a Pablo le hubieran prestado estos creyentes.[6]

PERSONAS A QUIENES EVITAR

Después de ocupar tanto espacio para alabar y honrar a tantas personas, resulta irónico que Pablo dedicara cuatro versículos a aconsejar a los creyentes de Roma acerca de ciertas personas de las que debían mantenerse alejados; pero eso es justamente lo que hace

(Ro 16.17-20). ¿A quiénes había que mantener a distancia? ¿Qué rasgos los distinguen para su fácil identificación?

En su opinión, ¿son o no cristianos estos que provocan divisiones, o es posible que fueran cualquiera de las dos cosas? ¿Por qué piensa así?

¿Qué significa ser «sabios para el bien, e ingenuos para el mal»? (v. 19)

¿Por qué cree que Pablo menciona a Satanás en el versículo 20 y contrasta las actividades de este ángel caído con la paz de Dios?

 FE VIVA

¿De qué manera podría aplicar estos cuatro versículos a la situación de su vida actual? Concéntrese especialmente en cómo puede ser sabio para el bien e ingenuo para el mal.

UNA DOXOLOGÍA PARA VIVIRLA SIEMPRE

Pablo finaliza su Carta Magna del evangelio cristiano con una apropiada bendición, una doxología concebida para repasar una vez más lo mucho que Dios ha hecho y está haciendo por nosotros, y cuán fiel es a sus promesas (vv. 25-27).

¿Qué dice Pablo sobre Dios en estos versículos?

¿Qué dice acerca del evangelio que él predica?

¿Qué dice acerca de Jesús?

Si usted hubiera estado en el lugar de Pablo, escribiendo la conclusión para esta magnífica carta, ¿qué habría escrito? Básese en lo que ha tenido mayor significación para usted en este estudio, y escríbalo en forma de alabanza a Dios y como aliento para otros creyentes, como lo hizo Pablo. Haga que estas palabras queden como su resumen del evangelio de Cristo, nuestro eterno Señor y Salvador, y del deleite que dicho evangelio le produce. Amén.

VIDA EN EL REINO
ESTUDIO DE ROMANOS

Lección 1: Introducción a Romanos

1. F.F. Bruce, *Jesus and Paul: Places They Knew* [Jesús y Pablo: lugares que conocieron], Thomas Nelson Publishers, Nashville, TN, 1984, p. 117.
2. *Ibid.*, pp. 123,125.
3. *Biblia Plenitud*, Editorial Caribe, Miami, FL, 1994, mapa de la p. 1418.

Lección 2: Las grandes nuevas de Dios

1. *Biblia Plenitud*, Editorial Caribe, Miami, 1994, en nota a 1.1, p. 1446.

Lección 3: No hay excusas

1. Everett F. Harrison: «Romans» [Romanos], en *The Expositor's Bible Commentary* [Comentario bíblico del expositor], Frank E. Gaebelein Ed., Zondervan Publishing House, Grand Rapids, MI, 1976, 10:22.

Lección 4: No hay excepciones

1. Everett F. Harrison: «Romans» [Romanos], en *The Expositor's Bible Commentary* [Comentario bíblico del expositor], Frank E. Gaebelein, E.d., Zondervan Publishing House, Grand Rapids, MI, 1976, 10:34.

Lección 5: Estemos a bien con Dios

1. *Biblia Plenitud*, Editorial Caribe, Miami, FL, 1994, en nota a 3.23, p. 1451.
2. Everett F. Harrison: «Romans» [Romanos], en *The Expositor's Bible Commentary* [El comentario bíblico del expositor], Frank E. Gaebelein, Ed., Zondervan Publishing House, Grand Rapids, MI, 1976, 10:42.
3. John Murray, *The Epistle to the Romans* [La epístola a los romanos], en la serie The New International Commentary on the New Testament [El nuevo comentario internacional del Nuevo Testamento], William B. Eerdmans Publishing Co., Grand Rapids, MI, 1965, 1:115-116.
4. «Dinámica del Reino: 12.1-3 La persona prototipo del "reino"», *Biblia Plenitud*, Editorial Caribe, Miami, FL, 1994, p. 21.

Lección 6: Cuando la muerte da vida

1. John R.W. Stott, *Man Made New* [Hombre hecho nuevo], Downers Grove, OL, InterVarsity Press, 1966, p. 13.
2. *Biblia Plenitud*, Editorial Caribe, Miami, FL, 1994, véase nota a 5.2, p. 1453.
3. «Riqueza literaria: 5.5 amor», *Biblia Plenitud*, Editorial Caribe, Miami, Fl, 1994, p. 1454.

Lección 7: ¡Libre al fin!

1. *Biblia Plenitud*, Editorial Caribe, Miami, FL, 1994, en nota a 6.6, p. 1455.
2. Charles R. Swindoll, *Learning to Walk by Grace: A Study of Romans 6-11* [Aprendiendo a andar por la gracia: un estudio de Romanos 6-11], ed. Bill Watkins, Insight for Living, Fullerton, CA, 1985, p. 3.

Lección 8: Herederos de gloria

1. C.E.B. Cranfield, *A Critical and Exegetical Commentary on the Epistle to the Romans* [Un comentario exegético y crítico sobre la epístola a los Romanos], The International Critical Commentary, T. & T. Clarke Limited, Edimburgo, 1982, 1:407-408.

Lección 9: Promesas que nunca fallan

1. «Riqueza literaria: 11.25 endurecimiento», *Biblia Plenitud*, Editorial Caribe, Miami, FL, 1994, p. 1465.

Lección 10: Sacrificios transformados

1. *Biblia Plenitud*, Editorial Caribe, Miami, FL, 1994, en nota a 12.3, p. 1467.
2. *Ibid.*, p. 1767.
3. *Ibid.*, p. 1768.
4. *Ibid.*, en nota a 12.6-8, p. 1467.
5. *Ibid.*, en nota a 12.6; p. 1467.
6. *Ibid.*, en nota a 12.7,8; p. 1467.
7. *Ibid.*
8. *Ibid.*
9. *Ibid.*
10. *Ibid.*
11. *Ibid.*

Lección 12: Amor que libera

1. Si desea consultar algunas fuentes acerca de la naturaleza exacta de las disputas analizadas aquí, véanse los comentarios citados en las primeras notas al pie de página.

Lección 13: Nuevamente en camino

1. Véase «Travel» [Viaje], por J. Kelso, en *The Zondervan Pictorial Encyclopedia of the Bible* [Enciclopedia ilustrada Zondervan de la Biblia], Zondervan Publishing House, Gran Rapids, MI, 1976, 5:799-807; Barry J. Beitzel, *The Moody Atlas of Bible Lands* [Atlas Moody de las tierras bíblicas], Moody Press, Chicago, IL, 1985, pp. 176-185.
2. «Riqueza literaria: 15.14 bondad», *Biblia Plenitud*, Editorial Caribe, Miami, FL, 1994, p. 1471.
3. Everett F. Harrison, «Romans» [Romanos], en *The Expositor's Bible Commentary* [Comentario bíblico del expositor], ed. Frank E. Gaebelein, Zondervan Publishing House, Grand Rapids, MI, 1976, 10:155.
4. *Ibid.*, p. 156.

Lección 14: Saludos a la familia de Dios

1. John A. Witmer, «Romans» [Romanos], en *The Bible Knowledge Commentary: New Testament Edition* [Comentario Conocimiento de la Biblia: Edición del Nuevo Testamento], eds. John F. Walvoord y Roy B. Zuck, Victor Books, Wheaton, IL, 1983, pp. 498-499.

2. *Biblia Plenitud*, Editorial Caribe, Miami, FL, 1994, en nota a 16.1, pp. 1472-1473.

3. *Ibid.*, en nota a 16.2.

4. Everett F. Harrison, «Romans» [Romanos], en *The Expositor's Bible Commentary* [Comentario Bíblico del expositor], ed. Frank E. Gaebelein, Zondervan Publishing House, Grand Rapids, MI, 1976, 10:169.

5. F.F. Bruce, *The Epistle of Paul to the Romans* [La epístola de Pablo a los Romanos], Tyndale New Testament Commentaries, ed. gen. R.V.G. Tasker, William B. Eerdmans Publishing Company, Grand Rapids, MI, 1963, p. 280.

6. *Ibid.*, p. 281.

9 780899 225104